MEMOIRE

ÉTABLISSANT

L'INJUSTICE ET L'ILLÉGALITÉ DU MAINTIEN

DE

L'UNIVERSITÉ-LAVAL

A

MONTRÉAL.

AUX AMIS DE LA HAUTE EDUCATION.

Il est un temps où le silence est coupable, et nous croyons ce temps arrivé, quant à ce qui regarde la question d'une Université catholique à Montréal. Voilà vingt ans que l'école de Médecine et de Chirurgie, dirigée par les conseils du saint Evêque Bourget, lutte corps à corps avec l'Université Laval qui par son attitude retarde l'enseignement universitaire pour plus de 500 jeunes catholiques. Sur le terrain des intrigues, nous l'avouons, nous avons été vaincus, mais sentant sa position insoutenable sur le champ de la légalité, l'Université Laval vient annoncer avec assurance, quoiqu'en terme confus, qu'à la prochaine session de la législature, elle présentera un bill concernant l'Université Laval et la multiplication de ses chaires d'enseignement dans les arts et autres facultés.

Nous avons toujours refusé de porter cette cause devant le public qui devra prendre connaissance de bien des turpitudes dont nous avons été les victimes, mais du moment que l'Université nous y conduit, nous l'y suivons à regret, parce que nous savons qu'il y aura scandale. Dieu nous est témoin que c'est dans l'intérêt de la justice et de la vérité que nous prenons cette attitude et nous le prions de ne faire retomber le malheur que sur ceux par qui le scandale arrivera. Aussi avant de publier le présent travail avons-nous consulté le droit canon et de saintes et très-sûres autorités.

L'Université Laval de Québec.

Monseigneur Ignace Bourget, aujourd'hui Archevêque de Martianopolis, et évêque de Montréal, depuis 1840 jusqu'à 1876, fut le premier à former le projet de la fondation d'une université catholique au Canada. A cet évêque revient l'honneur d'avoir pris cette initiative et d'y avoir travaillé avec cette indomptable énergie qui le caractérise. A cet évêque revient l'idée de char-

ger le Séminaire de Québec de fonder cette université et de la conduire à bonne fin.

Au désir de Monseigneur Bourget, vint se joindre celui de feu Monseigneur Pierre Flavien Turgeon, archevêque de Québec, et celui des autres évêques de la Province. Le Séminaire de Québec prit le vœu de ces prélats et de son archevêque surtout, pour un indice certain de la volonté de Dieu. Il voyait, de plus, ses revenus pécuniaires s'accroître avec la prospérité du pays, et il se regarda comme obligé de donner son consentement à ce qu'on demandait de lui, pensant d'ailleurs ne pouvoir faire un meilleur usage de sa fortune que d'en employer les revenus à la grande et belle œuvre de l'Education de la jeunesse. Les Evêques Canadiens présentèrent une supplique au Souverain Pontife, Pie IX, priant Sa Sainteté d'accorder au Séminaire de Québec les priviléges d'une université. En même temps, les Directeurs de ce Séminaire s'adressaient au Gouvernement Anglais pour la même fin. A Rome, il y eut d'abord quelques difficultés ; mais le Saint Père finit par accorder l'autorisation de conférer les degrés ordinaires en Théologie. A Londres, grâce à la recommandation du Gouvernement Colonial, la demande fut très-bien accueillie, et une Charte Royale, conférant au Séminaire de Québec les priviléges de fonder la dite Université, fut octroyée le 8 Décembre 1852.

Toutes les grandes voix de la Société et de l'Eglise s'unirent pour saluer le berceau de cette Université. Il y eut un concert d'actions de grâces qui se répercuta dans toutes les classes sociales. Il paraissait que ce qui commençait à Québec, sous les plus heureux auspices, allait répondre à tous les besoins d'une forte et vigoureuse jeunesse. Non seulement les regards, mais les cœurs de tous les citoyens étaient tournés vers la jeune Université ; et ces regards, et ces cœurs, c'était l'espérance, l'espérance nationale dans ce qu'elle peut avoir de plus sacré et de plus divin.

D'où provenaient tant et de si grandes allégresses ? Pourquoi tant de bénédictions descendaient-elles, en un seul jour, sur l'Université Laval ? Voici :

Cette Institution devait recevoir dans son sein, pour parfaire, pour achever son éducation, toute la jeunesse Canadienne qu'une instruction spéciale appelait à servir la patrie dans les grands emplois des professions libérales et dans les rangs de la milice sacrée du sanctuaire. Ceux qui chantaient, ceux qui célébraient, ceux qui bénissaient l'Université naissante, espéraient qu'elle ne tromperait pas, qu'elle ne frustrerait pas l'espoir public, mais qu'elle s'unirait toutes les forces vives de la haute éducation, qu'elle s'attacherait tous les colléges, tous les corps professionnels enseignants, qu'elle abriterait dans son sein toute la jeunesse instruite.

L'on verra dans la suite de ces pages comment l'Université Laval a répondu à tant et de si belles espérances que sa fondation appelait dans les cœurs patriotiques des catholiques du Canada.

Monseigneur Bourget aurait désiré que l'Université Laval fut une œuvre *Provinciale*. Les messieurs du Séminaire de Québec et Monseigneur l'Archevêque de Québec ne partageaient point ce sentiment, craignant surtout, disaient-ils, que la demande d'une Université Provinciale n'éveillât une sérieuse opposition de la part des Protestants.

Le 27 Avril 1852, Mgr. l'Archevêque de Québec écrivant à ce sujet à Monseigneur Bourget, lui disait :

" Le Séminaire ne prétend point accaparer *le monopole du*
" *haut enseignement* et son unique but est d'obtenir le commen-
" cement d'une Université, en s'y prenant de façon à obtenir
" une fois ce *qui pourra être obtenu plus tard pour d'autres mai-*
" *sons.* Et, en attendant cette obtention, on l'a fait remarquer,
" aucun des élèves des autres maisons d'Education ne serait
" privé de l'avantage de prendre des degrés.

" Ma demande aux Evêques se réduit à solliciter leur con-
" cours dans la supplique au chef suprême de l'Eglise pour
" obtenir une Université *qui ne portera pas le titre de Provin-*
" *ciale,* et ce, dans la crainte de donner à nos ennemis l'occasion
" de nous faire obstacle. Nous ne croyons pas même et, pour
" cette même raison, devoir la qualifier d'Université de Québec ;
" il faudra que nous lui donnions un autre nom."

Ainsi, et ce point est digne de remarque, dans la pensée de Monseigneur l'Archevêque de Québec et des messieurs du Séminaire, l'Université Laval ne fut pas fondée pour être l'unique Université catholique du Canada. Par conséquent les sacrifices d'argent que coûta l'établissement de cette Université, ne peuvent pas être invoqués pour empêcher l'existence d'autres Universités.

Ce qui le prouve ou, plutôt, le confirme d'une manière irréfutable, c'est le fait suivant : En 1850, Montréal parlait d'avoir aussi son Université. Le Recteur de l'Université Laval, au nom du corps qu'il représentait s'y opposa, en adressant, le 4 Juin 1859, à Monseigneur l'Archevêque de Québec, une lettre dans laquelle il fait la déclaration que voici : " Mais l'établissement " d'une seconde Université qui serait aujourd'hui (4 Juin 1859) " prématuré, *deviendra avant bien des années utile et même néces-* " *saire, d'autant plus que nous n'avons pas l'intention de faire de* " *la nôtre le rendez-vous d'une jeunesse bien nombreuse.* Nous " savons trop ce qu'ont toujours été ces grandes réunions de " jeunes gens, pour vouloir, que le nombre des élèves de nos " facultés de Médecine et de Droit dépasse de beaucoup la cen- " taine. *Un peu de patience donc et le tour de Montréal viendra,* " non seulement sans inconvénient pour personne, mais pour le " plus grand avantage de tous."

Il y a donc aujourd'hui vingt années révolues que l'Université Laval déclarait premièrement : *Qu'avant bien des années l'établissement d'une seconde Université deviendrait utile et nécessaire à Montréal ;* deuxièmement : *que l'Université Laval n'avait pas l'intention d'être le rendez-vous d'une jeunesse bien nombreuse, qu'elle ne voulait guère plus de cent élèves pour chacune de ses facultés de Droit et de Médecine.*

Et cependant chaque fois depuis cette fameuse déclaration, que Montréal, ne pouvant obtenir d'affiliation de Laval, a fait des démarches pour avoir une Université, par exemple en 1862, 1865, 1872, 1876, on a vu l'Université Laval accourir se plaindre, invoquer [ses sacrifices pécuniaires et empêcher finalement Montréal d'obtenir ce qui lui était devenu non-seulement *utile et nécessaire*, mais indispensable pour le bien et le salut de tant de jeunes gens qui n'auraient point trouvé place dans le sein de l'Université Laval. Au nombre de plusieurs centaines, ils formaient une jeunesse trop nombreuse pour ne pas effrayer cette Université qui " *savait trop ce qu'ont toujours été ces grandes* " *réunions de jeunes gens pour vouloir que le nombre des élèves de* " *ses facultés de Médecine et de Droit dépassât de beaucoup la* " *centaine.*"

Voici maintenant les principaux priviléges que le Gouvernement Anglais confère à l'Université Laval par sa Charte Royale :

L'Archevêque de Québec est établi Visiteur de l'Université,
avec des pouvoirs très-considérables. C'est ainsi qu'il peut an-
nuler tous les statuts ou règlements, dans l'espace de deux ans
qu'ils ont été adoptés par le Conseil Universitaire. Il nomme
aux chaires de la faculté de théologie, sur la présentation du
même Conseil ; son consentement est nécessaire pour créer de
nouvelles chaires.

Le Supérieur du Séminaire de Québec est de droit Recteur de
l'Université.

Un conseil, composé de tous les Directeurs du Séminaire et
des trois plus anciens professeurs de chacune des quatre facultés, a le pouvoir de faire les statuts et Règlements qu'il juge
convenables, à la seule condition qu'ils ne contiennent rien de
contraire aux lois du Royaume-Uni de la Grande-Bretagne et
d'Irlande et à celles de la Province du Canada.

Ce conseil peut *affilier* à l'Université, aux conditions que lui-
même détermine, tout séminaire, collége ou établissement d'enseignement spécial qui lui en fait la demande.

Enfin l'Université est autorisée à conférer les trois degrés
ordinaires dans les facultés de Théologie, de Droit, de Médecine
et des Arts, et elle est investie de tous les autres priviléges dont
jouissent les Université du Royaume-Uni de la Grande-Bretagne et d'Irlande.

Le public intelligent ne peut manquer de le remarquer ici,
l'Université Laval est investie de tous les pouvoirs d'*affiliation* ;
mais elle n'est point autorisée par sa Charte à créer des *succursales,* car c'est élémentaire en droit qu'une corporation n'a de
pouvoirs que ceux que lui donne la loi. Ce point est capital et
ne doit pas être perdu de vue. Voici d'ailleurs les termes mêmes
de la clause de la Charte Royale se rapportant à ce grave sujet :

And we do further for us, our heirs and successors will, ordain and grant that the said University Council shall for the purposes of this our Royal Charter have, possess and enjoy the right and power *to affiliate* to and connect with the said University any	Et nous de plus pour nous, nos hé-ritiers et successeurs, voulons, ordon-nons et accordons que le dit Conseil Universitaire, pour les fins de notre présente Charte Royale, ait et pos-sède le droit et pouvoir *d'affilier* et d'unir à la dite Université un ou plu-

one or more College or Colleges, Seminary or Seminaries, public Institution or Institutions of education within our said Province as to the said Council may seem fit, subject nevertheless to the Statutes, Rules and Ordinances aforesaid.

sieurs des Colléges, Séminaires, Etablissements publics d'éducation dans notre dite province suivant qu'il paraitra convenable au dit Conseil, conformément néanmoins aux lois, règles et ordonnances susdites.

A peine fondée, l'Université Laval élimina les Evêques suffragants de la Province Ecclésiastique de Québec de la direction de cette Institution ; elle posa des conditions d'affiliation telles que le plus grand nombre des colléges ne put les accepter ; elle se montra si exigeante envers toutes les institutions, et en particulier envers l'Ecole de Médecine et de Chirurgie de Montréal, qu'il fut impossible d'obtenir d'elle aucune affiliation.

Pendant une partie de ce temps, les sept huitièmes au moins de la jeunesse Canadienne et Catholique qui se préparait aux carrières du Droit et de la Médecine furent obligés ou de ne pas fréquenter d'Université, ou de s'adresser aux Universités protestantes, ou de suivre les cours d'Ecoles Catholiques n'ayant pas le pouvoir de conférer les degrés académiques.

Pendant plus de vingt ans, moins de cent jeunes gens se destinant à la pratique du droit ou de la médecine fréquentaient, annuellement, l'Université Laval, et plus de *cinq cents autres* étaient privés annuellement du bonheur d'un enseignement dans des Universités entièrement catholiques. Mgr Bourget, voyant que toutes les tentatives faites auprès de Laval pour affilier les Ecoles de Droit et de Médecine de sa ville épiscopale étaient inutiles, s'adressa ainsi que nous l'avons rappelé plus haut, plusieurs fois au St. Siége pour obtenir la permission d'avoir son Université Catholique. Chaque fois, l'Université Laval intervint et le St. Siége refusa non par un *non licet*, mais par un *non expedire*. Pas d'affiliation possible avec Laval, pas d'Université Catholique à Montréal, si ce n'est l'Ecole de Médecine qui depuis quelques années seulement avait le droit de conférer les degrés académiques, mais par la faveur d'une Université anglaise du Haut-Canada. Les choses en étaient encore là, lorsque l'Université Laval obtint en 1876, une Décision du Cardinal Préfet de la Propagande, sanctionnée par le Souverain Pontife, qui l'autorisait à fonder à Montréal *des succursales*. La Décision de la Propagande prescrivait que ces succursales seraient établies d'après la Charte Royale et *parce qu'il serait ruineux pour l'Université Laval d'accorder des affiliations aux Ecoles de Droit et de Médecine de Montréal.* Or la Charte Royale, que la Sacrée Congrégation de la Propagande ordonnait de respecter, permettait bien à l'Université Laval de faire des *affiliations*, mais ne l'autorisait point à établir des *succursales.*

La Sacrée Congrégation de la Propagande avait donc été trompée. L'Université Laval, pour rester fidèle à sa conduite constante envers les autres institutions du pays, n'avait donc pas reculé devant l'extrême péril de mettre le St. Siége en contradiction avec la Charte Royale, tout en lui faisant déclarer qu'il entendait la respecter.

Voilà ce qu'est l'Université Laval — Voilà quels furent ses commencements, sa mission, les sympathies qu'elle reçut dès son berceau, les espérances qu'elle fit naître et comment elle répondit à sa vocation, ce qu'elle a fait depuis.

L'Ecole de Médecine et de Chirurgie de Montréal, Faculté de Médecine de l'Université Victoria.

Dès 1840, Montréal, ville la plus importante de l'Amérique Britannique du Nord, possédait une Université Protestante appelée *l'Université McGill.* Comme cette institution ne donnait son enseignement qu'en langue anglaise, elle était inaccessible aux catholiques qui, pour la plupart, ne parlaient et n'entendaient que le français ; comme d'ailleurs les catholiques ne paraissaient pas encore songer sérieusement à la création d'une Université, il vint, en 1843, à la pensée de plusieurs Médecins anglais et protestants d'établir à Montréal une grande Ecole de Médecine, où les cours se donneraient en anglais et en français, afin de permettre à la multitude des jeunes catholiques se destinant à la carrière médicale de pouvoir suivre les cours.

Cette Ecole Protestante, fondée en 1843, et incorporée civilement en 1845, est aujourd'hui et depuis longtemps toute catholique : elle s'appelle *l'Ecole de Médecine et de Chirurgie de Montréal, Faculté de Médecine de l'Université Victoria.*

Comment cette Institution s'est-elle ainsi transformée pour le plus grand bien des âmes et pour l'honneur de notre sainte religion ? Voici :

En 1843, c'est-à-dire lorsqu'elle fut fondée, des médecins catholiques réussirent à pénétrer dans le personnel enseignant de cette école. Tous chrétiens sincères et catholiques fervents, ils s'appliquèrent à exercer la plus grande influence au sein de cette institution naissante. Ils persuadèrent aux fondateurs protestants que pour attirer la jeunesse catholique, il fallait que le personnel catholique enseignant eut une majorité. Ce conseil fut écouté si bien qu'en 1848, les catholiques restèrent maîtres de la position. Les fondateurs protestants étaient morts ou s'étaient retirés de l'enseignement à cause de leur âge avancé. Des catholiques remplissaient toutes les chaires. L'Ecole était devenue Catholique.

Les Professeurs de l'Ecole qui sont encore presque tous au poste, voulurent placer leur Institution sous la Direction, la Censure, et la Protection de la Sainte Eglise. C'est pourquoi, ils s'adressèrent à Sa Grandeur Monseigneur Bourget, alors évêque de Montréal, et lui confièrent leur jeune Ecole. Il en était déjà le Père, puisque c'était encouragés par lui, par ses conseils, par ses avis que les Médecins catholiques avaient obtenu les résultats ci-dessus indiqués.

Protégée par son grand et vénérable Evêque, l'Ecole eut bientôt le soin médical de l'Hôtel-Dieu, vaste hôpital de quatre cents lits, dans lequel tous les cas de médecine et de chirurgie se présentent ; de l'hospice de la Maternité où chaque année près de quatre cents pauvres filles tombées viennent cacher la honte de leur maternité, de l'hôpital général catholique où l'on rencontre toutes les maladies des enfants et des vieillards, et de plusieurs dispensaires pour le soin des malades pauvres ne pouvant aller aux hôpitaux et où les élèves en médecine et les jeunes médecins peuvent profiter sous tant de rapports.

Toutes ces institutions étant fondées et soutenues par les communautés religieuses, et n'ayant d'autres ressources que leur esprit de sacrifice et de dévouement, l'Ecole voulut s'associer à leur héroïque générosité et leur accorda ses soins gratuitement. Il semblait d'ailleurs aux Professeurs de l'Ecole que ce qui était ainsi uni dans le dévouement resterait uni pour toujours et que rien au monde ne pourrait plus séparer l'Ecole de ces hôpitaux, de cette Maternité, de ces hospices, de ces dispen-

saires dont elle devait désormais partager les œuvres miséricor-
dieuses et charitables.

De nombreux élèves vinrent se presser dans le sein de l'Ecole
qui, cependant, n'étant point Université ni affiliée à aucune
Université, ne pouvait leur donner le diplôme du doctorat dont
ils avaient besoin pour faire leur chemin dans le monde. Disons
à la gloire de ces jeunes gens qu'aucun ne fut refusé, malgré la
sévérité de leurs examinateurs et juges, tant ils avaient profité
de l'enseignement de l'Ecole.

Mais on comprend que plusieurs jeunes catholiques, soit par
la crainte des examens, soit par une ambition bien légitime du
doctorat, préféraient fréquenter à Montréal les Universités protestantes, où ils obtenaient le titre de Médecin et les degrés
académiques, après examen devant leurs seuls professeurs.

L'Ecole s'adressa en 1862 et en 1864 à l'Université Laval pour
obtenir une affiliation, mais sans pouvoir y réussir. Le danger
ne faisant que s'accroître avec le développement des institutions protestantes, Monseigneur Bourget fit plusieurs tentatives
auprès du St. Siége pour obtenir une Université. Mais toujours,
ainsi que nous l'avons dit plus haut, l'Université Laval, tout en
persistant à refuser des affiliations possibles, parvint à empêcher
cet évêque de réussir dans cet important dessein. Ainsi la ville
de Montréal, avec sa population double de Québec, n'avait pas
d'Université catholique, bien qu'elle comptât deux Universités
protestantes.

En désespoir de cause, l'Ecole demanda une affiliation à
l'Université Anglaise de Victoria dans le Haut-Canada. Il fut
bien entendu, dans ces dernières années, que cette affiliation
n'aurait aucune influence religieuse sur l'enseignement de
l'Ecole et que cette Ecole demeurait, comme auparavant, pour
tout ce qui regarde la foi et la morale, la science et la religion,
sous l'entière dépendance de l'Evêque catholique de Montréal.

Ainsi ce fut une institution étrangère à la Province du Bas-
Canada qui vint au secours de l'Ecole et qui lui permit d'accorder des diplômes académiques, sans autre condition pour l'Ecole
que de payer à cette institution, les droits annexés à ce diplôme.

Nous croyons faire remarquer ici même que c'est d'ailleurs
une condition formelle de toutes les chartes que le Gouvernement Anglais accorde aux Universités, et que cette condition est

expresse dans la charte même de l'Université Laval savoir : Ces Universités sont constituées en dehors de toute distinction de religion ; elles n'ont pas le droit de tenir compte de la religion de leurs élèves.

L'Université Victoria depuis plusieurs années a reçu les professeurs de l'Ecole dans son Sénat. En sorte qu'il n'est plus exact d'appeler l'Université Victoria une Université protestante. Puisque non-seulement sa Charte lui interdit de faire du prosélitisme protestant, mais que son Conseil Universitaire, ou son Sénat, compte un élément catholique considérable. L'obstacle de degrés académiques levé, restait encore à l'Ecole d'abriter ses nombreux élèves dans des édifices convenables. Les professeurs actuels de l'Ecole, toujours aidés du vénérable ancien Evêque de Montréal, amenèrent les Religieuses de l'Hôtel-Dieu à concéder un vaste terrain à l'Ecole et, de plus, à lui prêter les capitaux nécessaires à la construction de ces édifices.

Dans cette entreprise les Professeurs assumèrent sur leur propre et personnelle responsabilité une dette de plus de $25,000 qui pèse encore sur eux et sur leurs familles. Si on ajoute à cela tous les autres sacrifices que ces Médecins ont faits pour l'entretien de l'Ecole, la formation du personnel, la distribution de l'enseignement, les visites, les soins gratuits aux hôpitaux, maternités, hospices, dispensaires, etc., etc., on aura une idée approximative de ce que l'Ecole leur a coûté et de ce qu'ils ont fait pour la science médicale et pour la religion.

Depuis qu'elle est une institution catholique, l'Ecole a formé plus de sept cents médecins qui, répandus dans les villes, dans les villages et dans les campagnes du Canada sont partout des défenseurs de la foi et des fils dévoués de la Patrie. Depuis sa fondation l'Université Laval n'a formé que cent dix médecins. C'est dire de suite combien l'Ecole l'emporte en importance et en influence sur cette Université qui veut l'anéantir.

Mais ne devançons pas la plume : la logique des faits tels qu'ils vont se dérouler dans la suite de ce Mémoire, parlera d'ailleurs plus éloquemment que nous.

Le premier Février 1876 la Sacrée Congrégation de la Propagande rendait la *décision* suivante, écrite en langue italienne :

Dans la Congrégation du premier de février dernier, on a mis de nouveau à l'examen l'instance de l'Evêque de Montréal pour

l'érection d'une Université dans son Diocèse, et les Eminentissimes et Révérendissimes SS. Cardinaux ont répondu de la manière que je viens ci-après transcrire à Votre Seigneurie.

Au I. doute, savoir si et quelle mesure il conviendrait d'adop-
ter relativement à la susdite instance de l'Evêque de Montréal,
ad mentem. Mens est, que l'on écrive à l'Archevêque de Québec
une lettre qui devra être communiquée à tous ses suffragants,
dans laquelle on lui dise qu'ayant mis de nouveau à l'examen
le projet de fonder une Université à Montréal, on en a reconnu
l'impossibilité, spécialement pour la raison qu'une telle fondation compromettrait l'existence de l'Université Laval, laquelle,
à cause des services rendus à l'Eglise et à la société et des sacrifices pécuniaires qu'elle a faits, doit être soutenue et conservée.
Que néanmoins, cette Université devant servir d'une manière
particulière pour tous les Diocèses de la Province de Québec, on
a reconnu comme une chose juste que ses suffragants y aient
un contrôle, lequel soit en même temps une garantie pour eux,
et un avantage pour l'Université elle-même. Que ce but pourra
s'obtenir, en laissant intactes les dispositions fondamentales de
Laval, son administration financière et tout ce qui regarde les
relations entre la dite Université et le Séminaire Archidiocé-
sain, et en accordant aux Evêques, sous la présidence de l'Archevêque la haute surveillance sur tout ce qui concerne la
discipline et la doctrine, soit relativement aux Professeurs, soit
par rapport aux élèves. Que pour cela le Recteur de l'Université,
dans une réunion annuelle des Evêques, devra faire connaître
exactement l'état de la même Université sous les deux rapports
mentionnés, et les Evêques auront le droit de faire leurs obser-
vations, et de proposer les changements et les améliorations
qu'ils jugeront opportuns, sauf, comme dit plus haut, les dispositions fondamentales de l'Université. Qu'en général il y aura
toujours liberté, même obligation, pour les Evêques, d'exercer
cette haute surveillance, en réclamant l'attention de l'Archevêque et du Recteur de l'Université sur tout ce qu'ils jugeront
à propos de conseiller, sans jamais cependant recourir au moyen
de la presse, laquelle d'ordinaire, comme l'a prouvé dans le cas
actuel une triste expérience, sert plus à aigrir les esprits et les
questions, qu'à rémédier au mal, et aboutit à causer préjudice à
l'honneur de l'Université, et souvent même à l'honneur de la

cause catholique.   Que l'on reconnaît la nécessité de pourvoir en quelque manière à l'instruction supérieure de ces jeunes gens de Montréal qui ne peuvent fréquenter l'Université Laval, comme aussi d'empêcher que les écoles de droit et de médecine, existant dans la dite ville, ne continuent d'être affiliées à des Universités protestantes, et beaucoup plus encore que les étudiants catholiques ne fréquentent de telles Universités.   Que du reste, *comme il est évidemment impossible de la part de Laval d'accorder l'affiliation aux dites écoles, laquelle équivaudrait à l'érection d'une Université*, pour ainsi dire distincte et indépendante à Montréal, afin de pourvoir cependant à la nécessité énoncée plus haut, il ne se présente pas d'autre expédient que celui d'établir à Montréal une succursale de l'Université Laval, projet à l'exécution duquel les Evêques, en union avec Laval, devront procéder sur les bases suivantes :

1o. Que toutes les dépenses nécessaires pour la succursale devront être à la charge du Diocèse de Montréal.

2o. Les cours seront uniformes à Laval et à Montréal tant pour la durée que pour la distribution des matières dans chaque faculté et dans chaque année : et là où l'on reconnaîtrait la stricte nécessité de faire quelque changement, que cela se fasse sans préjudice ni au mérite de Laval, ni à l'instruction des jeunes gens en rendant plus facile et plus prompte l'obtention du Doctorat.

3o. Que les professeurs de Droit et de Médecine à Montréal feront partie de la faculté respective établie à Laval en vertu de la charte royale.

4o. Que comme le Conseil Universitaire, en vertu de la même charte, doit être composé des Directeurs du Séminaire de Québec et des trois plus anciens Professeurs de chaque faculté par ordre de nomination, les Professeurs de Montréal à leur tour devront faire partie de ce Conseil.

5o. Les Professeurs de chaque faculté à Montréal formeront, comme ceux de Laval, un Conseil permanent pour tout ce qui regarde non seulement la branche de Montréal, mais la faculté en général.

6o. Il y aura à Montréal un Vice-Recteur résident, nommé par le Conseil Universitaire et approuvé par l'Evêque de Montréal, lequel Vice-Recteur suppléera le Recteur dans l'admission ou l'expulsion des étudiants. Cette surveillance est relative seulement à l'observation des règlements universitaires, attendu que, pour la conduite morale et religieuse, l'Evêque de Montréal y pourvoira entièrement.

7o. Les Professeurs de Montréal seront nommés, comme ceux de Laval, par le Conseil Universitaire, la branche de Montréal, ayant été préalablement consultée.

8o. Les émoluments pour chacun des Professeurs seront à Montréal égaux à ceux de Laval.

9o. Egalement la somme que les étudiants doivent payer pour les cours, sera la même à Montréal qu'à Laval.

10o. Les diplômes seront donnés par Laval, et à cette Université seront payés les droits y annexés.

Enfin on devra, dans la lettre, recommander à tous les Evêques de faire en sorte que leurs Séminaires et Colléges s'affilient à l'Université Laval, puisque de cette manière les études seront mieux co-ordonnées, et les jeunes gens seront préparés pour les cours universitaires.

Quant à l'autre doute, savoir si et quelle mesure ultérieure on doit prendre relativement aux professeurs non catholiques de l'Université Laval, les Eminentissimes et Révérendissimes SS. Cardinaux ont répondu : " Attentis noviter deductis, dilata et si opus fuerit suo loco et tempore providebitur."

Cette résolution fut, dans l'audience du 13 février, présentée au S. Père, qui a daigné l'approuver dans toutes ses parties.

Et maintenant je prie le Seigneur qu'il vous accorde longue vie et bonheur.

Rome, de la Propagande, le 9 mars 1876.

De V. S.

Le très-affectionné serviteur,

Alex. Card. Franchi, Préf.

J. B. Agnozzi, Pro-Secrét.

L'Illme et Révme Seigneur
Monseigneur l'Archev. de Québec.

L'application que l'Université Laval veut faire à Montréal de cette Sainte Décision est la cause de toutes les difficultés actuelles entre cette Université et l'Ecole de Médecine et de Chirurgie. Dans l'intérêt de la justice et de la vérité, il importe de faire connaître les raisons et les faits qui sont de nature à élucider une aussi grave question. Pour plus de clarté, nous diviserons ce travail en trois parties.

La première comprendra un exposé des difficultés survenues entre l'Université Laval et l'Ecole de Médecine et de Chirurgie de Montréal ; ce sera comme l'histoire de ces difficultés.

La seconde établira le mérite des différents points de justice et de droit renfermés dans ces difficultés.

La troisième posera les conclusions.

PREMIÈRE PARTIE.

Exposé des Difficultés survenues entre l'Université Laval et l'Ecole de Médecine et de Chirurgie de Montréal.

Ce ne fut qu'à la fin de l'année 1877, un an après que Mgr Bourget eut été remplacé par Mgr Fabre sur le siège épiscopal de Montréal, que l'Ecole apprit le *fait* de la Décision précitée de la Congrégation de la Propagande. Mais il ne lui fut pas alors donné de prendre connaissance de la dite décision dont on lui cacha soigneusement le texte. Vers cette époque, l'Université Laval, il est vrai, avait publié cette Décision dans son *annuaire ;* mais cet annuaire n'ayant pas été adressé à l'Ecole, celle-ci ne put en prendre connaissance.

L'Ecole ignorait donc et la lettre et l'esprit de la Décision de la Propagande, lorsque Monseigneur Conroy, Délégué Apostolique au Canada, l'informa du fait de cette décision et l'invita à se mettre en rapport avec Mr. Thomas Hamel, Recteur de l'Université Laval pour en faire l'application.

Dès la première entrevue que le Conseil de l'Ecole eut avec Mr. le Recteur, celui-ci déclara qu'il préférait ne pas voir entrer l'Ecole dans la succursale de l'Université Laval qu'il s'agissait d'établir à Montréal d'après, disait-on, la Décision de la Propagande. Et quelques jours après qu'il eut fait une telle déclaration, Mr. le Recteur se mettait effectivement à l'œuvre pour former la faculté médicale de la succursale en dehors de tout concours et de toute participation de l'Ecole.

Monseigneur le Délégué Apostolique, qui savait que la Propagande n'avait rendu sa décision *que pour venir au secours des Ecoles de Médecine et de Droit déjà existantes à Montréal*, arrêta Mr. le Recteur et l'amena à se désister du projet de former la faculté de Médecine en dehors de l'Ecole.

Nous rappelons ces faits, afin que le lecteur se convainque de suite du cas que Mr. le Recteur faisait, dans le vrai et dans le fond, de la Décision de la Propagande et aussi du sentiment peu sympathique qu'il portait à l'Ecole.

Malgré tout ce que la déclaration et la conduite de Mr. le Recteur pouvait avoir de blessant et d'injurieux pour elle, l'Ecole, dans un esprit de soumission au St-Siège, voulut bien traiter avec ce Monsieur la grave question de son entrée dans la succursale qu'il disait établir à Montréal d'après les ordres formels de la Sacrée Congrégation de la Propagande.

Mr. le Recteur posa des conditions exorbitantes ; il exigea des sacrifices immenses. L'Ecole, à qui l'on disait toujours que telle était la volonté du St-Siège, concéda tout. Sans comprendre pourquoi le St-Siège la traitait aussi sévèrement, elle se soumit purement et simplement.

Elle sacrifia tout ce qu'on lui demanda de sacrifier, ne se réservant que le privilège de conserver son existence civile. Encore ce privilège lui fut-il conservé *ad duritiam cordis* par le Recteur, selon qu'il en fit l'aveu plus tard, comme l'on pourra s'en assurer, en lisant les passages suivants d'une de ses lettres en date du 12 Juin 1878.

" Je sais bien que l'Ecole a obtenu de conserver son organi-
" sation intérieure par un contrat privé avec Monseigneur de
" Montréal................ depuis le 15 Décembre dernier, date de
" la signature des conditions de l'Université Laval, je n'ai plus
" eu d'affaires avec l'Ecole de Médecine et de Chirurgie de
" Montréal, laquelle pour moi n'existait plus que comme simple
" organisation et comme menace."

Après plusieurs entrevues du Recteur et de l'Ecole, les conditions par lesquelles cette dernière entrait dans la succursale de Laval à Montréal furent convenues et arrêtées.

L'Ecole signa alors un double contrat, l'un avec le Recteur, l'autre avec Monseigneur de Montréal. Ces contrats ne renfermaient point toutes les conditions. L'Ecole attacha peu d'importance à ce fait. Traitant avec un évèque et un prêtre, Grand-

Vicaire et Recteur d'une université catholique, et sous les yeux d'un représentant du Saint Siège, il lui semblait que les conditions verbales seraient respectées à l'égal des conditions écrites.

Or, nous avons la douleur de constater que ni les conditions verbales, ni les conditions écrites n'ont été respectées ; que ni l'Evêque de Montréal, ni le Recteur de Laval tinrent à ce qui avait été ainsi réglé et statué sur la foi, nous ne disons pas seulement de l'honneur sacerdotal et épiscopal, mais de l'honneur du Siège Apostolique lui-même, au nom de qui on affirmait agir et opérer en toute cette affaire.

Mais avant d'aller plus loin, voici les deux contrats en question :

L'Université Laval, a Montréal, Faculté de Médecine.

Conditions agréées d'un commun accord par le Conseil Universitaire et l'Ecole de Médecine et de Chirurgie de Montréal, Faculté de l'Université Victoria.

1o. L'administration financière, pour tout ce qui appartiendra à l'Université Laval, à Montréal, sera entièrement Ecclésiastique. Cette administration sera entre les mains de la Corporation Episcopale de Montréal, laquelle agira comme propriétaire, mais sans pouvoir appliquer à d'autres fins les fonds mis à sa disposition pour l'Université à Montréal.

2o. La Faculté de Médecine, de même que les Facultés de Théologie, de Droit et des Arts, en tant qu'elles auront besoin de participer aux fonds de l'université, dépendra complètement de l'administration financière locale, c'est-à-dire que les Facultés ne possèderont rien par elles-mêmes. Le paiement des Professeurs se fera par l'administration financière, à laquelle aussi appartiendront tous les revenus des cours, les dons, les legs, etc., etc., etc.

3o. Les Professeurs à Montréal seront soumis à tous les règlements Universitaires ; ils seront nommés par le Conseil Universitaire et révocables *ad nutum* pour une cause jugée suffisante par le dit Conseil.

*Cas particulier pour l'organisation de la Faculté de Médecine
à Montréal.*

Si l'Ecole de Médecine et de Chirurgie de Montréal, Faculté Victoria, accepte les conditions actuelles, le Conseil Universitaire nommera d'abord trois professeurs, pris au sein de l'Ecole, pour former le noyau de la Faculté de Médecine à Montréal. Puis aux termes des règlements cette Faculté ainsi constituée, devra être consultée pour la nomination des autres professeurs nécessaires au fonctionnement complet, lesquels devront tous avoir l'approbation formelle de Mgr l'Evêque de Montréal.

4o. Les cours devront être de neuf mois. Cependant, il sera loisible à la Faculté de Médecine de Montréal, si elle commence ses cours dans l'automne de 1878, de renfermer toutes les leçons dans des sessions annuelles de six mois pendant les deux premières années, (sujettes du reste, à tous les autres règlements de l'Université) afin que les élèves qui ont commencé leur cours à l'Ecole de Médecine et de Chirurgie de Montréal, Faculté Victoria, puissent les terminer dans les mêmes conditions de temps.

5o. En résumé toutes les conditions renfermées dans la décision de la Sacrée Congrégation de la Propagande du 1 Février 1876 seront observées.

Accepté au nom du Conseil Universitaire.

(Signé)   Ths. E. Hamel, Ptre. Recteur U. L.
     "   P. Munro, M. D. Président
     "   J. G. Bibaud, M. D.
     "   J. Emery Coderre
     "   E. H. Trudel
     "   Ths. E. d'Odet d'Orsonnens
     "   J. P. Rottot
     "   A. T. Brosseau
     "   Hector Peltier, M. D.

---

*Entente entre Sa Grandeur l'Evêque de Montréal et l'Ecole de
Médecine et de Chirurgie de Montréal.*

1o. L'Ecole de Médecine et de Chirurgie de Montréal passera à la Corporation Episcopale Romaine de cette ville tous ses biens, propriétés, revenus de ses cours, etc., etc., etc.

En retour l'Evêque de Montréal remettra à l'Ecole tout l'argent qu'il retirera pour les leçons données par cette dernière, pour qu'il soit divisé entre ses Professeurs, d'après le mode de partage actuellement suivi. L'Ecole fera comme par le passé, tous les ans, l'élection de ses officiers, et c'est à son Secrétaire-Trésorier que la Corporation Episcopale devra remettre ces fonds.

2o. Cet arrangement persistera tant que le rapport des autres Facultés sera moindre que celui de la Faculté de Médecine ; mais jamais les Professeurs de cette dernière n'auront moins que ceux des autres facultés en fait d'honoraires.

3o. Tous les Professeurs actuels de l'Ecole de Médecine et de Chirurgie de Montréal entreront, ainsi que les Docteurs Hingston et Desjardins dans la Faculté de Médecine de l'Université Laval à Montréal.

4o. La chaire de Chimie devant désormais appartenir à la Faculté des Arts, le Docteur d'Orsonnens aura droit à celle d'un cours de six mois ou à celles de deux cours de trois mois.

Et pour rendre ces présentes plus authentiques, chacune des parties contractantes y apposera son sceing et sceau.

(Signé)	† Edouard Chs. Ev. de Montréal
"	Pierre Munro, Président
"	J. G. Bibaud
"	J. Emery Coderre
"	H. Peltier, Sec.-Trésorier
"	E. H. Trudel
"	Ths. E. d'Odet d'Orsonnens
"	J. P. Rottot
"	A. T. Brosseau.

Les contrats établis, il s'agissait d'organiser le Personnel enseignant de la Faculté de Médecine. D'après les conventions verbales le Conseil seul de l'Ecole une fois nommé par le Conseil Universitaire de Laval faisait, avec l'approbation de Monseigneur de Montréal, les autres nominations et fixait par là même le rang de priorité de chacun des Professeurs. Ces nominations étaient présentées au Conseil Universitaire qui les approuvait.

La Faculté de l'Ecole et l'Evêque de Montréal présentèrent la liste des professeurs au Conseil Universitaire qui crut devoir en détruire l'ordre.

L'Ecole s'en plaignit à son Evêque qui expliqua la chose par un malentendu. Voici les deux lettres échangées à ce sujet entre l'Ecole et Monseigneur de Montréal.

Montréal, 23 Février 1878.

A Sa Grandeur l'Evêque de Montréal.

Monseigneur,

L'Ecole de Médecine et de Chirurgie de Montréal, Faculté de Médecine de l'Université du Collége Victoria, à Montréal, désire savoir de Votre Grandeur même si Elle n'a pas appelé auprès d'Elle le vingt-deux Décembre dernier, par lettre du Rév. Messire Lesage, les Drs Munro, Trudel et Rottot, et si elle n'a pas dit à ces messieurs qu'ils avaient été nommés, dans l'ordre ci-dessus, par le Conseil Universitaire de l'Université Laval de Québec, pour former le Conseil de la Faculté de Médecine de l'Université Laval, à Montréal. Ce point fixé, le Conseil de la Faculté de Médecine de l'Université Laval à Montréal, ainsi constitué, n'a-t-il pas à son tour nommé Messieurs les Drs Bibaud, Peltier, Coderre, d'Orsonnens, Hingston, Brosseau, Desjardins, Lachapelle et Lamarche pour entrer comme Professeurs dans la susdite faculté, et l'ordre de préséance ne devait-il pas être celui de la nomination.

Votre Grandeur est priée de vouloir bien remarquer que les listes qui lui ont été envoyées, comme celles adressées à M. le Recteur, avaient été préparées et signées par les Messieurs de l'Ecole, sur la demande de notre Conseil, qui désirait avoir leur approbation ainsi que celle des Drs Hingston, Desjardins, Lachapelle et Lamarche, il en a été de même pour la nomination le sept (7) janvier dernier, des Drs Ricard, Dagenais et Beaudry. Ne les avez-vous pas agréés dans cet ordre ? Et après l'arrangement même avec l'Université Laval de Québec, n'est-ce pas le Conseil seul de Montréal, avec votre approbation, qui faisait les nominations, et qui fixait par là même le rang de priorité de chacun des Professeurs ?

Pour sauver tout trouble à Votre Grandeur, l'Ecole vous prie de lui envoyer tout simplement cette lettre avec un *oui* ou *un non* au-dessus de votre signature.

Daignez recevoir, Monseigneur, l'expression de notre profond respect.

      (Signé)   E. H. Trudel, Prés.
           "   Ths. E. d'Odet d'Orsonnens, Secrétaire.

———

(Réponse)

Evêché, 2 Mars 1878.

Messieurs,

Je dois avant tout vous demander excuse du retard que j'ai mis à répondre à votre lettre du 23 Février. Vous me pardonnerez facilement quand vous saurez que j'ai été absent presque toute la semaine et que je voulais répondre avec soin aux demandes qui me sont adressées.

En faisant appeler les trois Docteurs désignés par l'Université Laval le vingt-deux Décembre, je n'ai pas donné à M. Lesage, d'indication de préséance, seulement je l'ai prié d'appeler ces Messieurs, et en les nommant, j'ai suivi le rang que je supposais qu'ils auraient. La dépêche m'a été remise au moment où je venais de faire une très nombreuse ordination, ma chambre était pleine de monde et je croyais que tout pressait. Ce n'est qu'à mon retour à l'Evêché, dans l'après-midi, que je vis la lettre qui m'était adressée par M. Hamel, cette lettre n'avait pas un caractère officiel, elle n'était qu'une exposition des vues des Messieurs de Québec. Dans cette lettre les Docteurs étaient nommés dans l'ordre suivant : *Munro, Rottot* et *Trudel,* j'ai cru que les noms avaient été mis au hasard sans tenir compte du rang, voilà pourquoi en lisant des extraits de cette lettre, je suivais l'ordre d'âge pour nommer les trois Médecins, je ne pouvais soupçonner qu'il y eut des raisons particulières de changer cet ordre, voilà pourquoi, plus tard, j'ai exprimé mon étonnement en constatant ce renversement.

Nous avons envoyé par télégraphe les noms des Docteurs Bibaud, Peltier, Coderre, d'Orsonnens, Hingston, Brosseau, Desjardins, Lachapelle et Lamarche dans cet ordre, mais nous n'avons pas signifié que nous voulions que cet ordre fut suivi. Quoique j'étais convaincu qu'il le serait et que par conséquent en cela, j'ai été désappointé. Je ne crois pas que l'ordre des préséances fut du ressort du Conseil de Montréal, mais j'avais toutes raisons de croire que rien ne se ferait sans m'être communiqué, même pour ce détail.

Il est très-fâcheux que l'on ait cru pouvoir passer outre et que l'on n'y ait pas même songé.

Il me reste à vous prier de rendre la position la moins pénible possible et de faire tout au monde pour que tout s'arrange à l'amiable.

Veuillez me croire, Messieurs,

Votre tout dévoué serviteur,

(Signé) † Edouard Ch., Ev. de Montréal.

L'Ecole protesta et réclama en vain : le droit de priorité violé ne fut pas rétabli. Par amour de la paix, l'Ecole voulut bien tolérer ce premier déni de son droit. Elle espérait qu'avec le temps, l'Université Laval sentirait le besoin d'être plus loyale. Hélas ! c'était trop espérer. Bientôt la conduite de Mr le Recteur de Laval vint porter de nouvelles et plus sérieuses atteintes aux contrats.

C'était, en effet, une convention écrite de ces contrats que de l'automne de 1878 à celui de 1880, les cours et leurs conditions ne seraient point changés pour l'Ecole. Sans consulter l'Ecole, ni aucun de ses membres, le Recteur de l'Université Laval invita par la voie des journaux les élèves en Médecine de s'inscrire au plus vite, annonçant, en même temps, l'ouverture des cours de Médecine pour une époque qui n'était point celle fixée par l'Ecole. Par la lettre suivante, l'Ecole se plaignit à son évêque de ce nouveau mépris que faisait de ses droits Mr le Recteur.

A Sa Grandeur Mgr Edouard Chs. Fabre,

Evêque de Montréal.

Monseigneur,

Je viens au nom de l'Ecole soumettre à Votre Grandeur les questions et les réflexions suivantes :

Pour se rendre à ce que Votre Grandeur semblait désirer, l'Ecole, qui jusque là avait eu son indépendance parfaite et ses ressources heureuses de prospérité, voulut bien entrer en pourparler avec l'Université Laval, représentée par son Recteur, le Révérend Monsieur Hamel.

Il s'agissait ni plus ni moins pour notre Ecole de s'unir à l'Université Laval de telle façon qu'elle devint comme une partie de cette Université.

Nous n'en étions pas à notre première tentative d'entente avec Laval, et les rapports que nous avions eus à différentes reprises avec les chefs de cette Institution ne nous prédisposaient point à espérer qu'on nous traiterait cette fois avec plus d'équité que précédemment.

Mais Votre Grandeur intervenait. C'était même sous la haute direction de l'Evêque de Montréal que le nouvel état de choses, qu'on nous proposait, devait être immédiatement placé. La loyauté de l'Evêque nous fut une garantie que ce qui serait réglé entre Laval et notre Ecole serait à jamais sacré.

Forts de cette conviction, les Professeurs de l'Ecole concédèrent tout ce qu'ils purent raisonnablement concéder, et l'union que Votre Grandeur désirait, fut résolue et assise sur des conditions verbales ou écrites que, sur la foi de l'honneur Episcopal, nous croyons inviolables.

Ce qui s'est passé depuis nous a révélé que l'Université Laval, fidèle à ses antécédents avec notre Ecole, et se souciant peu de la responsabilité d'honneur assumée par Votre Grandeur dans toute cette affaire, ferait peu de cas du contrat qui réglait les conditions de notre union ou fusion.

Le dernier séjour à Montréal de Mr Hamel, Recteur de Laval, et les annonces qu'il publia dans les journaux, sans avoir, au préalable, consulté le Conseil de la Faculté et sans s'être entendu avec lui, nous donnent une nouvelle preuve du peu de respect que nos conditions peuvent attendre du Conseil Universitaire.

Et sans la ferme espérance que Votre Grandeur saura, à tout prix, maintenir ces conditions dans leur intégrité et dans leur force, et justifier ainsi pleinement la foi que l'Ecole a reposée en l'honneur Episcopal, nous aurions déjà signifié à l'Université Laval que la position qu'elle nous fait n'est pas acceptable et que l'Ecole ne saurait en aucune façon la tolérer.

Voici, Monseigneur, dans toute leur simplicité, les questions bien définies entre Laval et l'Ecole, et qui sont redevenues des problèmes depuis que Mr le Recteur de l'Université a agi de la manière ci-dessus mentionnée.

1o. Quand commenceront les cours de l'Ecole ?

2o. Quelle en sera la durée ?

3o. Quel en sera le prix ?

4o. Comment, par quel mode s'en effectuera le paiement ?

5o. Où les cours se donneront-ils ?

6o. Pendant les deux années à venir, les examens se feront-ils chez nous, comme par le passé ?

7o. L'argent des diplômes restera-t-il aux anciens membres de l'Ecole, comme compensation du tort résultant nécessairement du changement dans le mode d'existence de l'Ecole ?

8o. Les cliniques chirurgicales et médicales des Docteurs Hingston et Rottot seront-elles seules payées et reconnues comme celles du programme Universitaire ?

9o. Le mode de distribution entre les Professeurs se fera-il comme par le passé ?

Ces différents points étaient réglés, le jour, où nous rendant à votre désir, Monseigneur, nous consentions à ce que notre Ecole fît partie de l'Université Laval, mais ils sont redevenus des questions, depuis que cette Université a tenu à notre égard l'étrange conduite que nous dénonçons à Votre Grandeur.

L'Ecole, qui ne peut, en aucune façon, permettre qu'on sacrifie ses droits les plus sacrés, ne saurait plus longtemps vivre dans l'incertitude de savoir si Laval entend ou non, respecter les conditions de notre union à elle. Voilà pourquoi nous venons, Monseigneur, poser à votre loyauté les neuf questions ci-dessus, attendant une réponse claire, précise, nette et positive à chacune d'elles. La position qui nous est faite par Laval ne peut durer plus longtemps, et nous avons besoin, en de telles circonstances, du secours de toute la franchise et de toute la loyauté de Votre Grandeur.

Nous comptons que l'amour que vous portez à votre Diocèse, et que la grande sollicitude dont vous entourez votre ville Episcopale, vous portera à protéger avec fermeté une Institution qui se flatte d'avoir fait son bien et son œuvre à Montréal.

L'autorité Diocésaine a vu se former notre Ecole. Elle l'a vu se développer et grandir à l'ombre de sa haute protection et à l'aide de ses paternelles bénédictions. L'Ecole, de son côté, s'est tenue étroitement unie à cette Autorité, et jusqu'ici elle n'a eu qu'à s'en applaudir.

Ayant été fondée, s'étant développée sous de telles conditions, notre Ecole est une Institution non seulement Catholique et Canadienne-Française, mais elle est une Institution appartenant à Montréal. La sacrifier, nous ne le pouvons pas, et Votre Grandeur ne nous le permettrait pas : car il y aurait là une faiblesse déplorable.

Et, toutefois, sans le ferme appui que nous attendons de Votre Grandeur, comment notre Ecole échappera-t-elle aux attaques dont elle est l'objet et qui viennent encore de se manifester dans le fait que, sur les instances d'un des Professeurs de l'Université Laval, le Lieutenant-Gouverneur refuse de sanctionner les règlements de l'Ecole, bien qu'ils soient approuvés du Conseil. Nous ne parlons pas des efforts que l'on fait dans le même camp pour indisposer contre notre Ecole l'Université Victoria, à Cobourg, à laquelle nous sommes affiliés.

Nous ne rappellerons pas à Votre Grandeur au prix de quels sacrifices l'Ecole a pu faire son œuvre et arriver à abriter dans son sein plus de cent trente (130) élèves. Nous nous contenterons d'assurer à Votre Grandeur que nous ne reculerons devant aucun sacrifice pour conserver la vie et l'honneur à cette Ecole qui est comme la fille aînée des Evêques de Montréal.

Dans l'espérance que Votre Grandeur se hâtera de nous rassurer, par des réponses claires et positives aux questions que nous avons l'honneur de Lui soumettre, sur nos conditions d'union avec Laval, je vous prie, Monseigneur, d'accepter le respect profond avec lequel je demeure, de Votre Grandeur, le très-humble et tout dévoué serviteur.

(Signé)   THS. D'ODET D'ORSONNENS,
Secrétaire E. M. C. M.

Voici maintenant la réponse textuelle de Mgr l'Evêque de Montréal à cette plainte :

Evêché, 10 Mai 1878.

Monsieur le Secrétaire,

Vous êtes venu, il y a quelques jours, me remettre une lettre que vous m'écriviez de la part de l'Ecole de Médecine. J'aurais voulu y répondre plus tôt, mais j'ai été tellement occupé depuis quelques jours que j'ai remis de jour en jour l'étude des questions que vous me posiez. A première lecture, j'avais d'abord cru qu'il me faudrait un travail assez long et peut-être une correspondance avec Québec pour répondre, et alors je me proposais de traiter ces questions pendant mon séjour dans cette ville, mais hier soir, en lisant les différents documents que vous avez signés conjointement avec M. Hamel et vos collègues, je vois que presque toutes vos quéstions y trouvent leurs réponses. Je ne peux rien faire de mieux que de vous engager à les relire. Quant à la 6e et la 8e question, elles n'ont jamais été posées ; il faudrait une entente, au moins une consultation à ce sujet. La cinquième quéstion trouvera sa réponse chez vous. Car vous savez très-bien que quand j'ai parlé d'un autre local, c'est parce que vous paraissiez y trouver une économie.

Je prie Dieu de nous éclairer dans cette affaire importante, de ne pas permettre que rien ne se fasse contrairement à sa volonté.

Veuillez me croire, M. le Secrétaire,

Votre tout dévoué serviteur,

(Signé) † Edouárd Chs., Ev. de Montréal.

Ainsi, qu'on veuille bien le remarquer, Monseigneur de Montréal répond à la plainte de l'Ecole par une fin de non recevoir, puisque Sa Grandeur renvoie aux conditions écrites, alors que la plainte porte précisément sur le fait que ces conditions écrites ne sont pas observées. Voyant qu'elle n'était pas écoutée, l'Ecole, qui s'était fait une loi de ne recourir qu'à l'extrémité aux tribunaux civils pour faire respecter ses droits, résolut de s'adresser, par le Mémoire suivant, à Nos Seigneurs les Evêques de la Province de Québec alors assemblés en Concile.

A Nos Seigneurs les Archevêques et Evêques de la Province Ecclésiastique de Québec.

Messeigneurs,

L'Ecole de Médecine et de Chirurgie de Montréal sachant que le St Siège confie à l'Archevêque et aux Evêques de cette Province la haute surintendance sur tout ce qui concerne la discipline et la doctrine de l'Université Laval, supplie humblement Vos Grandeurs de porter leur sollicitude pastorale sur les faits ci-dessous mentionnés.

I

C'est pour se rendre aux désirs de Mgr Conroy, Délégué Apostolique, et de Mgr Fabre, Evêque de Montréal, que notre Ecole a consenti de s'unir à l'Université Laval.

Notre Ecole n'avait aucun besoin de cette union. Elle avait sa vie propre et indépendante de tout contrôle d'Institution étrangère. Car, bien qu'affiliée à l'Université Victoria, elle n'en demeure pas moins libre dans tout ce qui a rapport à son action scientifique, disciplinaire, morale et religieuse.

L'Université Victoria est, il est vrai, une Institution protestante ; mais d'abord, notre Ecole n'a pas été libre de s'affilier à une Université Catholique, et cela, soit parce que Laval n'a jamais voulu lui accorder une affiliation à des conditions acceptables, soit parce que Laval s'est toujours opposé à ce que Montréal eût son Université Catholique. Ensuite, l'Université à laquelle notre Ecole est affiliée n'ayant aucun contrôle sur notre enseignement, nous ne voyons aucun péril menacer la foi de nos élèves, surtout quand notre Ecole continue, comme elle l'a toujours fait, à se tenir parfaitement soumise à l'enseignement de l'Eglise.

Enfin, n'est-il pas plus tolérable d'être affilié à une Institution protestante de laquelle on est parfaitement indépendant, que de confier des chaires d'enseignement, dans une Université Catholique, à des Professeurs protestants ?

Une union avec Laval ne pourrait grandement influer sur la prospérité de notre Ecole qui est déjà assez florissante pour que Laval reconnaisse et confesse que ce serait se suicider elle-même que de lui accorder une affiliation.

Donc nul autre intérêt, nulle autre raison que de déférer aux désirs des Supérieurs Ecclésiastiques ne sollicitaient notre Ecole de s'unir à Laval.

II

C'est sur la foi de conditions écrites et verbales que nous avons accepté l'union de notre Ecole à Laval. Nous croyions que les conditions verbales faites avec un corps composé d'hommes d'honneur, seraient respectées à l'égal de conditions écrites. Nous faisions-nous illusion ? Nous trouverions trop cruel de le croire. Cependant voici des faits malheureusement trop éloquents par eux-mêmes et qui nous jettent dans de bien mortelles inquiétudes à ce sujet.

Le Conseil Universitaire, en formant le conseil de la faculté crut devoir mettre de côté l'ordre des préséances. L'Ecole réclama.

Le Recteur de l'Université Laval en appela à un malentendu qu'il attribua à Mgr de Montréal. Mais bien que notre Evêque ne voulût point reconnaître la culpabilité de ce prétendu malentendu, les réclamations de l'Ecole demeurèrent lettres mortes et le droit de préséance violé ne fut point rétabli.

C'était encore une convention verbale et même une convention écrite que de l'automne 1878 à celui de 1880, c'est-à-dire pour deux ans, les cours et leurs conditions ne seraient pas changés pour notre Ecole.

Or, sans même avoir préalablement consulté l'Ecole, M. le Recteur de l'Université Laval est venu par la presse, inviter non seulement les Etudiants en Droit, ce qui ne nous regarde pas, mais même les Etudiants en Médecine, de s'inscrire au plus vite, annonçant que les cours commenceraient à une époque qui n'est point celle que l'Ecole a, jusqu'à ce jour, fixée. Cette initiative prise par le Recteur de l'Université, en dehors de toute entente avec l'Ecole, mettait en question plusieurs points importants qui avaient eu leur solution dans les conditions verbales ou écrites sur lesquelles s'était résolue l'union de notre

Ecole à Laval : Quand commenceraient les cours ? Quelle en serait la durée ? Quel en serait le prix ? Comment les examens se feraient-ils pendant les deux années à venir ? Comment l'Université Laval entend-elle aujourd'hui résoudre tous ces problèmes qui avaient été d'abord si bien réglés ? Nous ne le savons pas. Les questions que nous avons cru devoir adresser à l'autorité diocésaine, pour nous renseigner, ayant reçu une réponse qui nous renvoie aux *conventions écrites*, ne nous ont point fait sortir du cercle vicieux où nous jette le manque de fidélité de Laval aux conventions écrites comme aux conventions verbales qui étaient les conventions de notre union.

III

Mgr le Délégué Apostolique a bien voulu dire à plusieurs d'entre nous, que, pour s'unir à Laval, il ne fallait point faire de concessions telles que notre Ecole en fût comme anéantie. Eh bien, que resterait-il de notre Ecole si les prétentions de Laval venaient à triompher ? Elle ne serait pas même une succursale ; car à une succursale il reste, il doit rester au moins un droit, celui de faire respecter les conditions qui l'ont faite succursale.

Il est bien évident que ce que l'Université Laval veut obtenir, c'est de s'implanter à Montréal de telle sorte qu'elle puisse dire : *Il n'y a pas deux écoles catholiques de Médecine, ni deux écoles de Droit l'une à Québec et l'autre à Montréal ; il n'y en a qu'une : elle s'appelle "l'Université Laval," seulement cette Université a des Professeurs qui enseignent à Québec et elle a d'autres Professeurs qui enseignent à Montréal.*

Or, qu'on nous permette de le confesser avec une pleine franchise, après les sacrifices qu'elle a faits depuis trente-cinq années pour servir la patrie, notre Ecole ne consentira pas à aller se perdre, se fondre tout entière dans une institution qui n'a pas plus droit qu'elle de vivre seule sous le soleil.

IV

L'Université-Laval invoque les sacrifices que sa fondation a coûtés. Notre Ecole respecte d'autant plus cette invocation qu'elle se croit les mêmes droits que l'Université Laval à la faire entendre. Seulement notre Ecole n'avait pas reçu de fortune pour réaliser son œuvre. Dieu sait quelles fatigues, quels labeurs a coûtés l'heureuse action qu'elle est parvenue à exercer ; aujourd'hui encore, les Professeurs sont à peine rétribués, les revenus étant consacrés à solder les dettes contractées pour l'Ecole. Et non seulement les Professeurs s'astreignent à soigner gratuitement les malades de l'Hôtel-Dieu, mais ils se sont rendus personnellement responsables d'une somme qui approche vingt-cinq mille piastres, coût du terrain et de l'édifice actuellement occupés par l'Ecole.

Certes, si le Séminaire de Québec a le droit de demander qu'on ne laisse pas en péril Laval qui lui a coûté tant de sacrifices, nous avons bien, nous aussi, le droit de supplier qu'on ne détruise pas une Ecole qui s'est élevée par les bénédictions que le ciel a bien voulu verser sur les sueurs que nous avons répandues pour la fonder et pour la maintenir.

V

Lorsque l'Ecole a consenti à s'unir à l'Université Laval, elle n'était pas libre. C'est un principe que pour être libre, il faut avoir la lumière de son acte. Or cette lumière a manqué à notre Ecole. Par un malentendu qui n'a pas dépendu d'elle, la position ne lui a pas été révélée telle qu'elle était réellement.

Non seulement, on nous a concédé des droits dont on nous prive aujourd'hui, mais on nous a de plus induits en erreur sur le véritable état de la question.

C'est ainsi qu'on nous a pressés d'en finir, en nous assurant que nous étions les seuls qui retardions l'établissement des chaires universitaires à Montréal, puisque, disait-on, toutes les autres Facultés étaient établies. Or le jour même où l'on célébrait, par une messe solennelle, la création des facultés à Montréal, il n'y avait rien de définitivement réglé quant aux facultés de Théologie et des Arts. Les Professeurs de la faculté de Droit étaient nommés, mais des questions importantes, par exemple celle des salaires, n'avaient pas même été touchées.

A l'heure qu'il est, nous ne savons pas où sont les facultés de Droit et de Théologie, mais nous avons la certitude, que pour la faculté des Arts, rien n'est défini ; la question, soumise au Supérieur des Jésuites, n'ayant pas encore reçu de solution.

Certes, si nous avions connu la véritable position, nous aurions pris le temps de tout écrire ; nous aurions tout stipulé, et nous ne serions pas dans la pénible obligation où nous sommes aujourd'hui.

VI

Voilà les faits que nous avons cru devoir porter à la connaissance de Vos Grandeurs, Messeigneurs, espérant fermement qu'après en avoir pris connaissance et les avoir vérifiés au besoin, par une enquête où nous serions entendus, Elles trouveront justes les conclusions qui s'imposent d'elles-mêmes à notre Ecole.

1o. Comme l'Ecole a toujours été dévouée et soumise à l'Eglise, elle sait que l'Eglise ne peut vouloir l'anéantir ;

2o. Comme la position que Laval fait à notre Ecole la ruinerait à jamais, nous ne pouvons en aucune manière l'accepter ;

3o. Comme les conditions verbales ou écrites qui ont servi de base au contrat de notre union à Laval n'ont pas été respectées, nous considérons ce contrat comme parfaitement annullé, par conséquent nous considérons notre union avec cette Université comme rompue ;

4o. Comme l'Ecole ne peut vivre qu'en conservant son autonomie, nous déclarons formellement que nous ne consentirons jamais à une fusion avec l'Université Laval, sans que cette autonomie nous soit parfaitement garantie.

Et en communiquant en toute sincérité ces conclusions à Vos Grandeurs, nous ne croyons manquer ni à la soumission, ni au respect filial que nous portons à l'Eglise, notre mère. Il nous semble que ni le St Siége, ni Vos Grandeurs n'ont jamais voulu forcer une Ecole qui a donné ses preuves de dévouement à la bonne cause, en ne reculant devant aucun sacrifice pour former des médecins chrétiens et savants, à se suicider elle-même par un pacte qui lui retire toute son autonomie.

D'ailleurs, l'Eglise, dans les temps mauvais que nous traversons, comme dans les temps meilleurs qu'elle a connus, loin de déconcerter les dévouements, se plait à les encourager. Elle ne brise pas, elle n'étouffe pas les Institutions que ses fils élèvent pour le bien des intelligences. Elle les bénit avec amour, afin que ces Institutions se multiplient et prospèrent sous l'œil de Dieu.

Dans l'espérance que Vos Grandeurs verront dans notre présente démarche auprès d'Elles, l'humble appel de la justice et du droit méconnus, au plus vénérable et au plus sacré tribunal de ce pays, nous déposons à leurs pieds, tant en notre nom qu'en celui de l'Ecole,

Tout notre respect filial.

(Signé) E. H. TRUDEL,
Président.
" THS. E. D'ODET D'ORSONNENS,
Secrétaire, E. M. C. M.

Montréal, 21 Mai 1878.

————

Nos Seigneurs les Evêques de la Province de Québec se déclarèrent incompétents à décider la cause. Voici comment Mgr l'Archevêque de Québec crut devoir en informer l'Ecole :

Archevêché de Québec,

Québec, 27 Mai 1878.

E. H. TRUDEL, Ecr., M. D., Président de l'Ecole Canadienne de Médecine à Montréal.

Monsieur le Président,

Je profite du premier moment libre après le Concile pour vous informer que j'ai communiqué à Nos Seigneurs les Evêques de la Province, votre mémoire du 21 courant, concernant certaines difficultés entre vous et l'Université Laval. Ils ont été unanimes à dire avec moi que le règlement de ces difficultés n'entre point dans les attributions du Conseil Supérieur établi par la Bulle d'érection canonique de l'Université Laval. Nous sommes aussi tombés d'accord pour regretter l'existence de ces difficultés et pour exprimer l'espoir qu'elles se règleront à la satisfaction de toutes les parties intéressées.

J'ai l'honneur d'être,
Monsieur le Président,
Votre tout dévoué serviteur,

† E. A , Arch. de Québec.

Comme le Mémoire de l'Ecole à Nos Seigneurs les Evêques renfermait plusieurs accusations contre l'Université Laval, l'Ecole eut la loyauté d'en adresser une copie à M. le Recteur. Voici l'échange de lettres que cet incident occasionna. L'on y verra clairement la pensée du Recteur, et comment il commença dès lors à préparer la trame par laquelle il devait arriver à rejeter l'Ecole de la Succursale de Montréal et à former une faculté de Médecine, selon qu'il l'avait d'abord voulu et tenté, en dehors de toute participation de cette Ecole.

Québec, 24 Mai 1878.

Université Laval,

Ths. E. D'Odet D'Orsonnens, Ecr., M. D., Sec. Ecole de M. et C. M., Montréal.

Monsieur le Secrétaire,

Je regrette de ne m'être pas trouvé chez moi lorsque, vous et M. le Dr Coderre m'avez fait l'honneur de votre visite, car j'aurais bien aimé à avoir des explications sur la portée du mémoire que vous m'avez fait communiquer.

Les travaux du Concile et la préparation de la translation des restes de Mgr de Laval m'ont empêché d'aller vous rendre visite immédiatement à l'hôtel St Louis. Quand j'ai pu y aller, vous veniez de partir.

Je vois bien que le mémoire déclare que le contrat conclu entre l'Ecole de Médecine de Montréal et l'Université Laval est rompu ; mais je ne vois pas bien quelle est la portée de ce document. Si, comme j'ai lieu de le craindre, cette rupture est l'équivalent d'une résignation de la part des Professeurs, au nom de qui le mémoire est fait, comme la résignation d'un nombre considérable de Professeurs pourrait avoir pour effet d'empêcher le fonctionnement de la succursale cet automne, je vous prie de m'en donner à moi-même une notification directe et officielle. L'annuaire de cette année entraînera beaucoup plus de dépenses que celui des années précédentes si la succursale de Montréal donne ses cours cet automne. Il y a, par conséquent, une question de justice à ne pas nous laisser faire une dépense qui serait inutile, si la succursale ne devait pas entrer en fonction cette année.

Je compte donc, cher Monsieur, sur votre loyauté pour me faire savoir au plus tôt le sens précis que l'Université Laval doit attacher au document que vous m'avez transmis.

J'ai l'honneur d'être,

Cher Monsieur,

Votre très-humble serviteur,

(Signé) Th. E. Hamel, Ptre, R. U. L.

————

(Réponse)

Montréal, 28 Mai 1878.

Au Très-Rév. Th. E. Hamel, Ptre, Recteur de l'Université Laval, Québec.

Monsieur le Recteur,

J'ai l'honneur de vous transmettre la réponse officielle aux inquiétudes dont votre honorée lettre du 24 courant veut bien me faire part.

En lisant bien attentivement le mémoire dont nous vous avons laissé une copie, il est facile de se convaincre que c'est notre Ecole qui y parle en son propre nom.

Quant à l'annuaire de l'Université Laval, il nous paraît certain que vous n'y insérerez rien au sujet des chaires de la Faculté de Médecine de Montréal avant que Nos Seigneurs les Evêques, qui sont maintenant saisis de la grave question qui concerne notre Ecole, aient répondu à notre Mémoire.

Notre Ecole, portant sa cause au très-haut et très-secourable tribunal de l'Episcopat de cette Province, a cru que la loyauté lui faisait un devoir de ne pas laisser ignorer cette démarche au Conseil Universitaire, et c'est le seul et unique motif qui nous a fait vous laisser une copie de notre Mémoire.

Agréez, Monsieur le Recteur,

Le respect profond avec lequel nous demeurons

Vos très-humbles serviteurs,

(Signé) E. H. Trudel,
Président.

" Ths. E. d'Odet d'Orsonnens,
Secrétaire E. M. C. M.

M. le Recteur se rendit à Montréal, et après une conversation avec Monsieur le Secrétaire de l'Ecole, les lettres suivantes furent échangées.

Montréal 3 Juin 1878.

Ths. E. d'Odet d'Orsonnens, Sec. E. M. C. M.

Monsieur,

D'après les explications verbales que j'ai eu l'honneur de vous donner aujourd'hui sur le sens de ma lettre du 24 Mai dernier, vous me rendriez un grand service en me faisant connaître la position réelle que tiennent vis-à-vis la Faculté de Médecine de l'Université Laval MM. les Professeurs de l'Ecole de Médecine de Montréal qui adoptent les conclusions du mémoire présenté à NN. SS. les Evêques.

J'ai l'honneur d'être, Monsieur,

Avec considération,

Votre très-humble serviteur,

(Signé)   Thos. E. Hamel, Pre, R. U. L.

———

Montréal, 4 Juin 1878.

Révérend Messire Ths. E. Hamel, Ptre, R. U. L.

Monsieur le Recteur,

A une assemblée de l'Ecole de Médecine et de Chirurgie de Montréal, tenue ce jour chez M. le Dr Trudel, pour prendre en considération votre lettre du 3 courant, il a été résolu unanimement, MM. les Drs Rottot et Brosseau s'abstenant de voter, que :

L'Ecole de Médecine et de Chirurgie de Montréal s'en tient à son entente par écrit avec l'Evêque de Montréal et aux conditions verbales et par écrit convenues avec l'Université Laval, telles que exposées dans le mémoire à Nos Seigneurs les Evêques ; et que la rupture dont vous parlez ne pourra avoir lieu que dans le cas où ces conditions seraient définitivement violées.

Je dois ajouter qu'il n'est pas question de résignation de la part des Professeurs.

J'ai l'honneur d'être,

Monsieur le Recteur,

Avec le plus profond respect,

(Signé)   THS. E. D'ODET D'ORSONOENS,
Sec. E. M. C. M.

———

Donc l'Ecole se plaint à son Evêque d'abord et à tous les évêques de la Province ensuite que Laval manque à la foi des contrats. Ni l'Archevêque, ni les Evêques ne veulent instruire la cause qu'elle leur soumet. Et vourtant la Décision de la Sacrée Congrégation de la Propagande dit formellement, en parlant de l'établissement de Laval à Montréal : " *all' esecuzione del quale progretto dovranno provvedere i Vescovi* ". Heureusement l'Ecole ignore la lettre et l'esprit de cette décision : elle ne saurait donc, au moins, pour le moment, réclamer.

Le Recteur profitant de la situation pourra donc dire à l'Ecole qu'il ne la reconnaît pas. Qu'en conséquence, pour lui, le Mémoire aux Evêques n'est pas le fait de l'Ecole, mais l'acte personnel de certains Professeurs faisant désormais partie de la Faculté de Médecine de l'Université Laval à Montréal. Que ces professeurs, en formulant un tel mémoire, ont posé un acte qui répond à une résignation de leur part des chaires qu'ils occupent dans cette faculté.

Mais comme ces professeurs persistent à soutenir qu'ils agissent au nom de l'Ecole, le Recteur juge qu'il faut en finir avec eux. C'est pourquoi, il combine le projet que voici :

Il signifiera à ces professeurs qu'ils ont à opter entre désavouer le Mémoire aux Evêques ou rester professeurs de la faculté de Laval à Montréal. Mais comme il est probable qu'ils persisteront à s'attacher aux plaintes, aux griefs formulés dans le dit Mémoire, et qu'en les chassant de la Faculté de Laval, ils continueront à maintenir leur école, il faut, en même temps, les avertir qu'on prend tous les moyens de les mettre dans l'impossibilité complète de faire fonctionner leur Ecole.

Comme une Ecole de Médecine ne peut exister sans avoir accès dans un hôpital, on annoncera à ces professeurs que s'ils persistent dans leurs plaintes, on leur retirera l'Hôtel-Dieu qui est depuis plus de trente-cinq années desservie gratuitement par l'Ecole dont ils sont membres.

La trame ainsi ourdie par le Recteur, il adresse la lettre suivante à la *pauvre* Ecole, et amène le même jour Monseigneur de Montréal, qui, nous aimons à le croire, ne voit pas la trame, à écrire la lettre qui, ci-dessous, suit celle du Recteur.

Montréal, 4 Juin 1878.

THS. E. D'ODET D'ORSONNENS, Ecr., M. D., Sec. E. M. et C. M.

Monsieur le Secrétaire,

Afin qu'il n'y ait pas de malentendu, je crois devoir vous renouveler par écrit l'indication que j'ai eu l'honneur de vous donner hier verbalement. La nécessité où je suis de partir ce soir exige une réponse précise, ce soir, à 4 heures. Faute d'une réponse précise et qui me permette de marcher sans ambiguité, je devrai comprendre que les membres de l'Ecole qui approuvent le Mémoire ont donné leur résignation, et je me considérerai libre d'agir en conséquence. Indépendamment de cela, je devrai aussi regarder comme un acte de résignation le fait d'approuver et de favoriser la réouverture des cours par l'Ecole.

Les positions nettes et tranchées étant les seules loyales, vous ne devrez pas trouver mauvaise celle que je prends en ce moment.

J'ai l'honneur d'être, Monsieur,

Avec considération,

Votre très-humble serviteur,

THOS. E. HAMEL, Ptre, R. U. L.

————

Evêché, 4 Juin 1878.

Monsieur le Secrétaire,

Vous ne sauriez croire combien je désire que les difficultés soulevées entre l'Ecole et l'Université s'applanissent. Faites pour le mieux à l'assemblée dont vous m'avez parlé hier.

Les différents Professeurs de l'Ecole ayant tous été acceptés par l'Université, ils ont tous donné leur consentement en prenant part à une assemblée régulière de la Faculté et en faisant l'élection d'un Secrétaire. Il serait étonnant de voir tous ces Professeurs tirer en arrière lorsqu'il n'y a rien eu de nouveau depuis cette époque.

Je vous ai souvent dit que je tenais à ne paralyser en aucune manière l'exécution du Décret de Rome, mais qu'au contraire, je croyais qu'il était de mon devoir de faire mon possible pour le mettre en force. Votre Ecole, qui aime à marcher avec l'autorité Episcopale, paraissait vouloir me seconder et nous étions convenus d'essayer franchement à marcher dans cette voie.

La Faculté une fois constituée, j'ai immédiatement résolu de lui donner l'Hôtel-Dieu et je l'ai fait d'autant plus volontiers que vous étiez tous avec moi. Il me serait donc excessivement pénible de me voir dans l'obligation de refuser l'Hôpital à l'Ecole de Médecine, vû qu'il appartient déjà à la Faculté. Je croirais refuser d'obéir à mes Supérieurs, si j'agissais autrement, et je compte trop sur vos bonnes dispositions pour douter un instant sur votre fidélité à marcher avec votre Evêque. Dieu vous a bénis d'avoir suivi cette voie jusqu'à présent, veuillez ne pas l'abandonner.

En communiquant cette lettre à vos collègues, je vous prie de leur présenter les saluts les plus sincères de

Votre tout dévoué,

(Signé) ✝ Edouard Ch, Ev. de Montréal.

L'arbitraire de M. le Recteur ne déconcerta pas l'Ecole qui, se reposant sur la bonté de sa cause et sur la Divine Providence, osait espérer que la justice finirait par descendre vers elle. Elle répondit, et à Monsieur le Recteur, et à Monseigneur de Montréal, par les deux lettres ci-dessous :

Montréal, 11 Juin 1878.

Au Très-Révérend Monsieur Thos. E. Hamel, Ptre., Recteur de l'Université-Laval.

Monsieur le Recteur,

En réponse à votre honorée lettre du 4 courant, l'Ecole sent le besoin de manifester l'étonnement profond où la jette votre manière de procéder. Vous nous signifiez que *si à 4 heures P.M. du même jour vous n'avez pas reçu une réponse, vous comprendrez que les Professeurs qui approuvent le Mémoire ont donné leur résignation.* Pourquoi persister ainsi à vouloir que le Mémoire auquel vous faites allusion est l'œuvre de quelques Professeurs, quand ce Mémoire, vous le savez, est le fait de l'Ecole. Ensuite pourquoi votre lettre du 4 nous alloue-t-elle moins de cinq heures entre sa réception et le terme qu'elle nous fixe pour vous répondre ? Avez-vous perdu de vue que pour cette réponse, il fallait : 1o. convoquer les membres de l'Ecole qui sont des médecins, par conséquent qui pouvaient être absents de chez eux ; 2o. se réunir et discuter les questions les plus délicates et qui touchent à l'existence même de notre Ecole ? Vous avouerez que c'est là pousser les choses de façon à nous priver même du droit que possède tout homme, celui de délibérer avant de prendre un parti sérieux. De plus, vous déclarez que *indépendamment de cela vous devrez aussi regarder comme un acte de résignation le fait d'approuver et de favoriser la réouverture des cours par l'Ecole.* Et si l'Ecole croit devoir en appeler à un tribunal qui a juridiction sur elle et sur l'Université-Laval pour qu'il juge si elle a droit ou tort de se plaindre, renonce-elle pour cela à s'unir à Laval ? Depuis quand, dans l'Eglise, le fait de porter sa cause devant les Supérieurs Ecclésiastiques est-il l'équivalent d'une résignation ou d'une rupture ? Nous exposons notre cas et nous donnons les raisons qui nous font croire que notre contrat avec l'Université Laval est rompu, puis nous déclarons sur quelles bases nous voulons voir se fonder notre union avec cette Université ; mais nous soumettons le tout afin que la cause soit jugée. Si nous voulions rompre avec Laval, nous n'en appellerions à aucun tribunal. Nous annoncerions tout simplement au Conseil Universitaire qu'il ne doit plus compter sur nous. Or, c'est le contraire, vous le savez, que nous avons fait, en nous adressant aux Evêques pour qu'ils jugent entre le Conseil Universitaire et l'Ecole. Nos Seigneurs les Evêques ont décliné la compétence de leur tribunal dans cette affaire. L'Ecole n'a point cessé pour cela de vouloir que justice lui soit rendue. Tant que notre cause n'aura pas été jugée par un tribunal Ecclésiastique, nous ne reconnaîtrons à personne le droit de nous forcer la main, soit pour nous obliger à résigner, soit pour nous contraindre à accepter une position qui nous paraît tout à fait injuste.

L'Ecole profite de l'occasion de la présente lettre pour protester contre ce qu'on dit avoir été fait à l'assemblée qui a eu lieu à 6½ heures P. M., le 4 du courant, à l'Ecole Normale. Car nous n'avons pas été avertis de la tenue de cette assemblée : les lettres écrites aux Médecins ne les avertissaient point qu'il devait y avoir réunion de la Faculté, mais se contentaient de les informer qu'ils eussent à se rendre à l'Ecole Normale pour rencontrer M. le Recteur. Or, M. le Secrétaire de l'Ecole avait la veille même prévenu M. le Recteur que les membres de l'Ecole ne voulaient pas traiter d'affaires avec lui autrement que par écrit. M. le Recteur devait donc savoir que la lettre d'invitation à le rencontrer à l'Ecole Normale n'amènerait pas les Médecins de l'Ecole à se rendre là pour le rencontres.

Vous voulez bien affirmer que *les positions nettes et tranchées étant les seules loyales, nous ne devons pas trouver mauvaise celle que vous prenez dans votre lettre du 4. Permettez-nous de vous faire observer* que l'honnêteté est indispensable à une *position nette et tranchée* pour qu'elle soit loyale. Or, la position que vous prenez ne paraît pas avoir ce caractère d'honnêteté et cela pour les raisons ci-dessus mentionnées.

Agréez, Monsieur le Recteur, le respect profond avec lequel nous demeurons

Vos très-humbles serviteurs,

(Signé)   E. H. TRUDEL,
Président.

"   THS. E. D'ODET D'ORSONNENS,
Secrétaire E. M. C. M.

18 Juin 1878.

A Sa Grandeur Monseigneur EDOUARD CHS. FABRE, Evêque de Montréal.

Monseigneur,

La gravité de la position que Votre Grandeur nous a faite par sa très-honorée lettre du 4 courant, no us a forcés d'en différe la réponse jusqu'à ce jour.

Il est vrai qu'après que le Recteur de l'Université Laval eut, par sa conduite, commencé à manquer aux conditions verbales et écrites qui réglaient l'union de notre Ecole à Laval, nous avons pris part à une *assemblée régulière* de la Faculté en y élisant un secrétaire.

Mais nous avons agi ainsi pour prouver que quels que fussent nos griefs contre le Conseil Universitaire, nous ne voulions pas briser avec Laval avant que d'avoir fait entendre et juger notre cause par une autorité compétente. Refuser d'assister et de participer aux assemblées qui seront régulières nous paraîtrait, même aujourd'hui que nous avons porté nos plaintes devant nos Supérieurs Ecclésiastiques, un acte de rupture consommée, et c'est précisément ce que, par déférence et par respect pour l'autorité religieuse, nous ne voulons pas faire.

Votre Grandeur nous dit que ce serait avec peine qu'elle se verrait obligée à refuser l'Hôpital à l'Ecole, vu qu'il appartient déjà à la Faculté. Il y a manifestement ici, Monseigneur, un malentendu entre Votre Grandeur et l'Ecole. L'Hôtel-Dieu, pour ce qui regarde le soin des pauvres malades, appartient à l'Ecole depuis trente-cinq années. Un contrat strictement inviolable, surtout par ce que l'on appelle conventions morales, existe entre les Religieuses Hospitalières de l'Hôtel-Dieu et l'Ecole. Tant que l'Ecole reste fidèle à ces conventions, les Religieuses ne peuvent, sans blesser misérablement les données les plus élémentaires de la justice et de l'honneur, lui retirer l'hôpital pour le confier à d'autres. De plus, Monseigneur, n'est-ce point l'Ecole qui, en s'unissant avec l'Université Laval, est devenue la Faculté de cette Université ?

L'hôpital n'a donc pu changer de mains par le simple fait que l'Ecole changeait de nom en devenant une Faculté de l'Université Laval. Cela est tellement vrai que s'il arrive que l'Ecole cesse d'être unie à Laval, la Faculté *actuelle* de Médecine n'existera plus, et qu'à moins qu'il en soit créé une nouvelle, l'Université Laval n'aura pas de Faculté à Montréal.

L'Ecole croit avoir des droits sacrés à soigner les malades de l'Hôtel-Dieu et ce serait avec peine qu'elle se verrait dans la pénible obligation d'avoir à lutter pour qu'ils fussent respectés. Nous aussi, Monseigneur, nous ne voulons rien faire qui puisse paralyser l'exécution du Décret du St Siége. Mais ayant la cerlitude que le St Siége a subordonné l'exécution de ce Décret au respect des droits des parties intéressées, nous tenons fortement au maintien des nôtres. Nous croyons fermement que, le Souverain Pontife apprendrait avec une grande douleur que pour mettre à exécution ce Décret, on a foulé aux pieds l'équité, le droit et la justice. Votre Grandeur, Elle-même, nous n'en pouvons douter, sait, jusqu'à quelles limites, Elle peut se dévouer au service de l'application que l'Université Laval veut faire de ce Décret.

Que nous regrettons, Monseigneur, les difficultés présentes, et qu'il nous serait doux de les voir cesser ! Ce qui ne se peut que par la consécration des droits sacrés que nous défendons !

Nous demeurons, Monseigneur,

avec un profond respect,

de Votre Grandeur,

les très-humbles et très-obéissants serviteurs,

(Signé)   E. H. TRUDEL,
Président.

"   THS. E. D'ODET D'ORSONNENS,
Sec. E. M. C. M.

Au milieu de ces débats, l'Ecole, obligée de défendre ses droits, même contre son Evêque, voulait cependant rester, coûte que coûte, dans les bornes de l'obéissance due à son *ordinaire*. C'est pourquoi elle écrivit à Sa Grandeur pour *lui renouveler l'assurance de tout son respect et de toute sa soumission* dans l'ordre où cet Evêque a le droit de commander et celui d'être obéi. Voici cette lettre :

Montréal, 10 Juin 1878.

A Sa Grandeur Mgr EDOUARD CHS. FABRE, Ev. de Montréal.

Monseigneur,

Dans les circonstances difficiles et pénibles qu'elle traverse présentement, notre Ecole sent le besoin de renouveler à Votre

Grandeur l'assurance de tout son respect et de toute sa soumission.

Bien qu'affiliée à une Université protestante, notre Ecole est
parfaitement indépendante de l'Université Victoria, de Cobourg,
pour tout ce qui regarde l'enseignement ; et, jalouse de conserver intact le précieux trésor de la Vérité Catholique, elle soumet, comme elle l'a d'ailleurs toujours fait, son enseignement
à l'autorité de l'Eglise dont Votre Grandeur est pour elle l'auguste représentant.

Ainsi placée sous l'autorité de l'Evêque de ce diocèse, notre
Ecole continuera d'offrir à la jeunesse qui se destine à la Profession Médicale, un asile sûr pour la Foi et pour les Mœurs.

Veuillez agréer, Monseigneur, le profond respect avec lequel
nous demeurons, de Votre Grandeur,

Les très-humbles serviteurs,

(Signé) E. H. Trudel,

Président.

" Ths. E. d'Odet d'Orsonnens,

Sec. E. M. C. M.

Rencontrant dans l'Ecole la plus énergique résistance, le Recteur et Monseigneur de Montréal firent tout en leur pouvoir
pour amener les Religieuses de l'Hôtel-Dieu à chasser cette
Ecole de leur hôpital. Mais les religieuses, assurées qu'elles ne
pouvaient commettre une semblable injustice sans attirer sur
leur institution le mépris des âmes honnêtes et les punitions de
Dieu, refusèrent constamment de se rendre à de télles sollici-
tations, et à d'aussi indignes conseils.

D'ailleurs, des conventions d'honneur les liaient à l'Ecole,
tant que celle-ci remplirait son devoir à l'hôpital, et ces conventions invoquées devant les tribunaux civils, comme l'Ecole en
aurait eu certainement le droit, obligeraient la communauté à
payer une somme considérable comme compensation du juste
dommage qu'aurait souffert l'Ecole si l'Hôtel-Dieu lui eut fermé
ses portes.

Toutes ces raisons déterminèrent sans peine le Chapitre des
Religieuses de l'Hôtel-Dieu à refuser nettement de consommer

l'injustice que le Recteur avait rêvée et au service de laquelle il avait amené Monseigneur l'Evêque de Montréal à travailler avec un zèle qui peina et affligea profondément les consciences catholiques.

Dès lors, l'Ecole et l'Hôtel-Dieu furent l'objet des attaques les plus injustes. On publia hautement, en faisant même usage de la Presse, que l'Ecole était en révolte ouverte avec le St Siège et qu'elle entraînait les Religieuses de l'Hôtel-Dieu dans le schisme. En même temps, on répandait dans le public, à l'aide de conversations soit-disant *confidentielles*, que le St Siège interviendrait, qu'*il excommunierait l'Ecole avec tous ses professeurs* et que *les Sacrements seraient refusés aux jeunes gens qui persisteraient à en suivre les cours.* Quant aux Religieuses de l'Hôtel-Dieu, l'Evêque leur *retirerait l'Aumônier ; leur enlèverait le St Sacrement* et *empêcherait les sujets d'entrer au noviciat.* Ainsi circonscrite de toutes parts, cette communauté serait bien forcée de se rendre ou de s'éteindre.

L'on comprendra que l'Ecole ne s'alarma guère de ces rumeurs qui ne pouvaient surprendre que la bonne foi des simples et qu'elle ne prit pas même la peine d'y répondre. Il lui semblait qu'essayer à réfuter de telles menaces, c'était faire injure au sens commun en ayant l'air de le croire capable de penser, même un moment, que le St Siège agirait jamais de la sorte, et avec l'Ecole et avec l'Hôtel-Dieu. Mais il n'en était pas de même de ces autres accusations que l'on confiait à la presse, soit par la voie des journaux, soit par le moyen des pamphlets ; accusations tendant à dire que l'Ecole avait d'abord signé des contrats auxquels elle renonçait maintenant contre toute raison et tout honneur et qu'elle se constituait en révolte ouverte contre les ordres formels du St Siège.

L'Ecole ne devait point laisser s'accréditer contre elle de telles accusations. D'un autre côté, comme elle ne pouvait accepter la polémique et offrir à ses calomniateurs un solennel démenti sans révéler des faits et des actes peu honorables et peu édifiants sur la conduite de ses persécuteurs, elle écrit à deux reprises, le 3 Décembre 1878 et le le 2 Janvier 1879 à l'évêque, lui demandant d'intervenir et de faire cesser ces attaques injustes ont elle était l'objet.

L'Evêque n'ayant pas voulu intervenir, l'Ecole dut donc se

résigner à se justifier devant le Public. Elle le fit en publiant d'abord un écrit ayant pour titre : " *Protestation de l'Ecole de Médecine et de Chirurgie de Montréal, contre l'accusation de désobéissance au St Siège portée contre elle au sujet de l'Université Laval.*" Un médecin, M. le Dr Rottot, répondit à cette protestation, mais d'une manière si fausse et si injuste, qu'il fut facile à l'Ecole de le convaincre de mensonge et de mauvaise foi.

Tant que les adversaires de l'Ecole purent impunément tromper le public, Monseigneur de Montréal n'intervint pas ; mais dès que l'Ecole commença à se disculper, dès qu'elle put, en faisant connaître le véritable état de la question, confondre ses agresseurs, l'Evêque écrivit une lettre à la presse, par le Journal *La Minerve*, priant les journaux de ne plus rien publier sur la question universitaire. Sa Grandeur termina cette lettre par une phrase qui, justifiant le docteur Rottot, était par conséquent aussi injurieuse que possible envers l'Ecole dont ce Monsieur était l'agresseur acharné. Sa Grandeur, après avoir dit que ce Monsieur était en demeure de se défendre victorieusement, ajoutait : "*Ce Monsieur peut se glorifier d'avoir sincèrement* " *et loyalement marché avec l'autorité diocésaine, c'est-à-dire avec l'Evêque.*"

L'Ecole avait certainement alors le droit de relever publiquement ces affirmations de l'Evêque en lui prouvant que Mr Rottot ne pouvait en aucune façon se justifier. L'Ecole recula épouvantée devant le scandale qui ne manquerait point de produire dans les âmes la réponse accablante qu'elle pouvait faire à la lettre de son évêque. Elle préféra passer pour coupable et se borna à publier un nouveau Mémoire où, sans dire un mot des questions soulevées par le Docteur Rottot, elle prouvait qu'elle n'était point en révolte avec le St. Siège. Le 2 Juin 1879, le Recteur de l'Université Laval poursuivant son projet de se débarrasser de l'Ecole et de l'anéantir à jamais, écrivit à chacun des Professeurs de l'Ecole la lettre suivante :

Université Laval, 2 Juin 1879.

Monsieur,

Obligé de régler, avant le départ de Mgr de Montréal, ce qui doit paraître dans l'annuaire touchant la faculté de Médecine, je ne puis reculer plus longtemps la solution de la question du personnel de cette faculté à Montréal. D'ailleurs la situation est devenue si tendue entre l'Ecole de Médecine et l'Université Laval qu'il devient nécessaire d'en sortir.

Le conseil universitaire me charge donc de vous déclarer que, vu ce qui a été publié relativement à la succursale dans ses rapports avec l'Ecole de Médecine, il regarde, comme incompatibles les fonctions simultanées de professeur dans les deux institutions.

En conséquence je suis obligé, de la part du Conseil Universitaire, de vous informer qu'il vous faut opter " entre demeurer professeur à l'Ecole de Médecine et de Chirurgie de Montréal" et " demeurer professeur à la Succursale de l'Université Laval à Montréal," le choix de l'une de ces fonctions devant exclure l'autre absolument.

Le départ de Mgr de Montréal, qui se trouve avancé de quelques jours, me place dans la nécessité de vous fixer jeudi le 5 du courant, comme dernière date de votre réponse définitive.

Comme, dans une certaine hypothèse, il pourrait vous être désagréable peut-être d'exprimer votre option, je vous en exempterai volontiers la peine, en convenant, que si, vendredi midi, je n'ai pas reçu une expression claire de votre choix, je considérerai ce fait comme une option en faveur de l'Ecole de Médecine, et, dès lors, conformément à la décision du Conseil Universitaire, je pourrai vous regarder comme ne faisant plus partie de la faculté de Médecine de l'Université Laval.

Veuillez croire, que, même dans cette hypothèse, cela ne changera rien aux sentiments de haute considération avec lesquels,

J'ai l'honneur d'être,

Monsieur,

Votre très humble et très obéissant serviteur,

Thos. E. Hamel, R. U. L.

Ainsi pour le Recteur, l'Ecole n'existe plus. Il ne la reconnait pas. Voilà pourquoi il n'adresse plus ses lettres au Secrétaire de cette institution, mais à chaque membre en particulier. Ce sera une fortune pour lui si les Professeurs se laissent prendre à cette ruse. Mais elle est si vulgaire que ces Professeurs ne peuvent manquer de la deviner. Voilà pourquoi ils éviteront le piège qui leur est tendu, et au lieu de répondre individuellement à la lettre que chacun d'eux a reçue, ils chargeront l'Ecole de ce soin comme il appert par le document suivant :

Montréal, 3 Juin 1879.

Monsieur le Recteur,

L'Ecole ne voit pas ce qui peut se faire, avant le départ de Mgr de Montréal, pour terminer un arrangement solide et définitif, entre elle et l'Université Laval. L'Ecole a toujours exprimé et donné des preuves de son désir de seconder les vues de Rome, dans son projet pour établir une Université Catholique à Montréal. Cette disposition de sa part est toujours la même.

Que l'Université Laval, suivant les termes de sa Charte Impériale affilie l'Ecole : que l'Université Laval, suivant la Bulle Canonique qui l'érige Université Catholique, s'en tienne à la lettre même de sa Charte ; que les bases imposées par Rome, dans son décret de Février 1876, pour l'établissement de l'Université Laval, à Montréal, soient réellement posées : que toutes les conventions faites entre ces deux corps et avec Sa Grandeur l'Evêque de Montréal, à ce sujet, soient scrupuleusement suivies, l'Ecole de Médecine et de Chirurgie de Montréal sera glorieuse d'avoir l'occasion de prouver la sincérité de son respectueux attachement aux autorités religieuses. Mais, comme malgré toutes les démarches faites par l'Ecole auprès de son Ordinaire, du Recteur de l'Université Laval et même auprès de tout l'Episcopat Canadien, rien n'a encore été fait pour concilier les choses.

Comme l'Ecole, au contraire, ne doit et ne peut regarder l'ultimatum qui a été posé à chacun de ses professeurs, par la lettre du Recteur en date du 2 Juin courant, que comme une nouvelle preuve de la part de l'Université Laval du désir et des efforts de cette dernière pour chercher à la détruire et à l'anéantir en foulant aux pieds tous les vénérables documents qui lui tracent son mode d'existence et d'union avec les autres corps, et notamment la voie même qu'elle doit suivre, nommément avec l'Ecole de Médecine qui a toujours fait preuve de bonne volonté à cet égard, comme prouve sa protestation publique : aux yeux de l'Ecole de Médecine, plus que jamais, Laval veut régner despotiquement et sans soucis ; par conséquent, la position est telle maintenant, qu'il n'y a que Rome qui puisse la décider.

Aussi ne voit-elle pas quel annuaire peut faire paraître l'Université Laval dans les circonstances actuelles, qui ont engagé l'Ecole, dans le temps, à protester contre son annuaire et toute publication ou annonce de son existence comme faculté de Médecine de l'Université Laval, tant que les choses ne seraient pas définitivement arrangées.

Comme par le passé, il est donc encore inutile de toujours chercher à isoler ainsi individuellement chaque professeur de l'Ecole de Médecine. Une fois pour toutes, le Conseil Universitaire devra traiter avec la Corporation de l'Ecole de Médecine.

Enfin, pour réponse définitive, l'Ecole *comme corps*, déclare qu'elle gardera le *statu quo*, jusqu'à ce que Rome, dont l'esprit de sagesse et de justice lui est connu, ait jugé et décidé la question.

Mais en même temps, l'Ecole s'engage et se déclare prête à se sumettre en tout à ce que, dans son équité, décidera ce haut tribunal qu'elle aura toujours en la plus profonde vénération.

Nous avons bien l'honneur d'être,

Monsieur le Recteur,

Vos très humbles et obéissants serviteurs,

(Signé)   E. H. Trudel, Président.

"   Ths. E. d'Odet d'Orsonnens M. D.
Secrétaire E. M. et C. M.

Le Recteur voyant que les Professeurs persistent à ne point renoncer à leur Ecole, ni à ses justes droits si misérablement violés, ne peut plus tolérer ni une telle Ecole ni de tels Professeurs. C'est pourquoi, il écrit la lettre suivante qu'il adresse de nouveau à chaque Professeur en particulier, intimant à chacun qu'il a cessé de faire partie de la Faculté de Laval à Montréal :

Université Laval, 6 Juin 1879.

Monsieur,

Je reçois de l'Ecole de Médecine une lettre censée écrite au nom de tous ses professeurs et qui déclare que l'Ecole s'en tient purement et simplement au *statu quo*.

Comme je n'ai pas reçu de vous une lettre contredisant celle de l'Ecole, je dois regarder votre silence comme une option volontaire en faveur de celle-ci. Dès lors je suis autorisé par le Conseil Universitaire à vous déclarer que vous ne pouvez plus être et que vous n'êtes plus professeur à l'Université Laval.

Je regrette sincèrement que nous n'ayions pas pu marcher ensemble. Je vous remercie, au nom du Conseil Universitaire, de la bonne volonté que vous avez montrée en acceptant une chaire dans la faculté de Médecine de l'Université Laval à Montréal.

Si la Providence le permet, vous aurez en nous des émules, mais non des ennemis.

Agréez, Monsieur, l'expression des sentiments distingués avec lesquels,

J'ai l'honneur d'être,

Votre très humble et très obéissant serviteur,

Thos. E. Hamel, R. U. L.

Ce fut encore l'Ecole qui se chargea de répondre à cet ukase suprême du Recteur. Elle le fit par la lettre dont nous faisons le long extrait suivant :

Montréal, 10 Juin 1879.

Au Révérend Messire Thos. E. Hamel, Recteur U. L., Québec.

" Monsieur le Recteur,

" Nous ne vous ferons pas l'injure de croire que vous n'êtes que censé écrire au nom du Conseil Universitaire, (dans votre lettre du 6 Juin dernier,) comme vous le supposez tout gratuitement à notre égard pour l'Ecole de Médecine.

" C'est donc au Conseil Universitaire que nous nous adressons par votre voie, pour lui manifester notre surprise de la manière dont il interprète notre lettre du 5 Juin dernier.

" V.us nous mandiez, le 2 de ce mois, vu la position actuelle " vis-à-vis l'une de l'autre de l'Université Laval et de l'Ecole de " Médecine d'opter, entre demeurer professeur à la succursale " de l'Université Laval à Montréal et demeurer professeur à

" l'Ecole de Médecine et de Chirurgie de Montréal, le choix de
" l'une de ces fonctions devant exclure l'autre absolument."

" Nous avons répondu : " l'Ecole comme corps gardera son
" *statu quo* jusqu'à ce que Rome, dont l'esprit de sagesse et de
" justice nous est connu, ait jugé et décidé la question."

" Eh bien ! le *statu quo* n'est-il pas l'état où nous ont placés
d'un côté l'entente entre l'Université Laval, Sa Grandeur Mgr
de Montréal et l'Ecole de Médecine, de l'autre, les procédés ulté-
rieurs de Laval ne remplissant pas les conditions de cette entente et se refusant à s'en tenir aux documents qui ont fixé les
bases sur lesquelles elle devait s'établir à Montréal ?

" Le *statu quo* n'est-il pas encore la position que nous avons
occupée jusqu'ici et qui doit durer jusqu'à ce que l'autorité, de
laquelle nous relevons tous, se soit prononcée sur les difficultés
qui existent entre nous ?

" Je regrette sincèrement, dites-vous, que nous n'ayons pas
pu marcher ensemble. A qui la faute ? Qui n'obéit pas à la
Charte Impériale de l'Université Laval, laquelle fixe son siège
à Québec seulement, et ne l'autorise qu'à faire des affiliations
(to affiliate) ?

" Qui ne suit pas la Bulle Canonique, laquelle après avoir
statué qu'il y aurait une succursale à Montréal, ordonne cependant de se conformer en tout à l'esprit et à la lettre de cette
Charte ?

" Qui ne respecte pas le décret de Février 1876, et ne remplit
même pas ses engagements écrits ?

" Puis vous ajoutez : " Je vous remercie au nom du Conseil
" Universitaire de la bonne volonté que vous avez montrée en
" acceptant une chaire dans la saculté de Médecine de l'Univer-
" sité Laval à Montréal."

" Notre bonne volonté à nous rendre aux désirs du St. Siège
n'a pas changé depuis le jour où nous acceptions des chaires
dans la nouvelle faculté, car nos protestations ont toujours eu
pour but de rappeler à Laval que nous nous en tenions à sa
Charte, à la Bulle de son érection Canonique, au Décret de Février 1876 et à ses engagements par écrits.

" Vous vous dites ensuite " autorisé par le Conseil Universi-
" taire à nous déclarer que nous ne pouvons plus être et que
" nous ne sommes plus professeurs à l'Université Laval."

" Il faut admettre que cette démarche du Conseil ne concorde guère avec ses remercîments " pour la bonne volonté que nous " avons montrée en acceptant une chaire dans la faculté de Mé. " decine de l'Université Laval." *Nous protestons donc contre notre démission et le motif sur lequel vous l'appuyez.*

" Nous vous reconnaissons incompétents à régler cette question qui est du ressort des Evêques de cette Province autant que de celui de Laval, depuis que le Décret de 1876 les a chargés en union avec Laval."

———

Le Recteur se mit alors en travail pour organiser définitivement une faculté Médicale en dehors de l'Ecole. Le personnel de cette faculté une fois formé, il ne s'agissait plus que de la faire fonctionner. Mais pour cela, il fallait bien avoir un hôpital, un établissement de maternité et des dispensaires.

Pour un hôpital, il fut résolu que ceux des professeurs de la nouvelle faculté qui, à un titre ou à un autre, avaient eu auparavant quelque chose à faire à l'Ecole de Médecine et, par suite, à l'Hôtel-Dieu, s'adresseraient à la Communauté propriétaire de cet hôpital, pour lui demander de leur en ouvrir la porte à eux et à leurs élèves.

Mais que pour exercer une plus grande pression sur cette communauté on ne devait pas oublier de lui assurer que tant d'injustices, qui venaient de se commettre à Montréal par l'Université Laval, n'étaient que le résultat nécessaire des ordres du St. Siège et la conséquence naturelle de l'obéissance due à l'autorité Suprême de l'Eglise. Ainsi les Religieuses comprendraient que s'il y avait un coupable en toutes ces difficultés, il ne fallait pas le chercher ailleurs qu'à Rome. Qu'eux, les Professeurs de la nouvelle faculté, n'étaient que les pieux et obéissants serviteurs des Décisions de la Sacrée Congrégation de la Propagande. C'est ainsi que dans toute cette question, le Recteur, et les Professeurs de la nouvelle faculté ont eu le soin de rejeter constamment tout l'odieux de leur conduite sur les Congrégations Romaines et sur le St. Siège.

Heureusement que les Religieuses de l'Hôtel-Dieu, qui prenaient conseils de religieux et d'ecclésiastiques éclairés et instruits dans la science du droit canonique, savaient jusqu'à quel point on leur mentait en invoquant la volonté de la Propagande et du Saint Siège, et qu'elles purent ainsi ne pas s'émouvoir outre mesure de ces déclarations effrontées.

Voici avec la lettre des Professeurs de la nouvelle faculté, la réponse qu'y firent les Religieuses de l'Hôtel-Dieu.

A la très Révérende Mère Supérieure et aux Révérendes Sœurs Hospitalières de St. Joseph de l'Hôtel-Dieu de Montréal.

Les soussignés ont l'honneur d'exposer très respectueusement :

1o. Qu'ils ont fait le service à l'Hôtel-Dieu pendant plusieurs années, et qu'ils ont raison de croire qu'ils ont rempli leurs devoirs à la satisfaction des Révérendes Dames de l'Hôtel-Dieu et des malades ;

2o. Qu'ils ont été éloignés de l'Hôtel-Dieu sans qu'on leur en donnât aucune raison, et qu'ils ont raison de croire que cet éloignement n'est dû qu'à ce que les soussignés ont accepté des chaires dans l'Université Laval à Montréal ;

3o. Qu'en acceptant des chaires à l'Université Laval, les soussignés n'ont fait que se soumettre au Décret du premier Février mil huit cent-soixante-et-seize de la Sacrée Congrégation de la Propagande qui déclare qu'il ne pourra y avoir à Montréal d'autre Université qu'une succursale de l'Université Laval ; et que les Ecoles de Médecine et de Droit dans cette ville devront cesser d'être affiliées à des Universités protestantes ;

4o. Que la succursale de l'Université Laval, à Montréal, a été établie d'après les désirs de Son Excellence Monseigneur Conroy, le Délégué Apostolique, et de Sa Grandeur Monseigneur Fabre, avec l'approbation de tous les Evêques de la Province ;

5o. Que la faculté de Médecine de l'Université Laval, à Montréal, dont les soussignés font partie, va avoir ses cours le premier d'Octobre prochain ;

6o. Que les soussignés sont encore disposés à faire le service de l'Hôtel-Dieu comme par le passé, et que si leur éloignement de l'hôpital continue, ils se verront dans la triste nécessité d'envoyer leurs élèves dans les hôpitaux protestants, et par conséquent, d'y envoyer tous les cas intéressants qu'ils rencontreront ;

7o. Que les Dames de l'Hôtel-Dieu, en mettant une salle de

cinquante lits, dans leur vaste établissement, sous le contrôle médical des soussignés et d'autres qu'elles pourront leur adjoindre, favoriseraient le bon fonctionnement de la seule Université catholique reconnue par le St. Siège, à Montréal ;

8o. Que les soussignés, en faisant la présente démarche auprès des Révérendes Dames de l'Hôtel-Dieu, ne sont mus par aucun sentiment d'ambition ou d'intérêt personnel, mais par leur désir de se conformer en tout aux vues des autorités religieuses, et de plus, parce qu'ils ne veulent pas être responsables du scandale que pourrait produire dans le public le fait d'une Université Catholique envoyant ses élèves dans un hôpital protestant, quand il y a une institution catholique qui peut recevoir ses élèves.

Les soussignés sollicitent respectueusement une réponse.

I. P. Rottot M. D.
A. Dagenais M. D.
I. A. Laramée M. D.
E. P. Lachapelle
A. G. A. Ricard
A. T. Brosseau
A. Lamarche.

Montréal, 16 Juillet 1879.

De l'Hôtel-Dieu de St. Joseph.

Montréal, 18 Juillet 1879.

Aux Docteurs Rottot, Dagenais, Laramée, Lachapelle, Ricard, Brosseau, Lamarche.

Messieurs,

J'ai reçu, par Messieurs les Docteurs Rottot et Dagenais, votre lettre commune du 16 courant, et je l'ai communiquée au Chapitre de notre communauté, qui l'a prise en sa sérieuse considération.

Je regrette d'avoir à vous répondre qu'ayant cessé d'appartenir à l'*Ecole de Médecine et de Chirurgie de Montréal*, seule dûment autorisée à donner des soins médicaux aux malades de notre hôpital, vous avez par là même cessé d'avoir le droit de les continuer.

J'ai l'honneur d'être, tant en mon nom qu'en celui des sœurs capitulantes, de vous tous,

Messieurs,

La très humble et obéissante servante,

Sœur Bonneau, Sup^{re}.

La Communauté de l'Hôtel-Dieu ayant refusé d'accéder à la demande de la nouvelle Faculté, celle-ci n'hésita pas un moment à conduire ses élèves à l'hôpital Protestant et les Professeurs, en conséquence, d'y envoyer, selon qu'ils le promettaient dans leur lettre précitée, *leurs cas intéressants*, c'est-à-dire leurs malades catholiques. Et cela toujours, bien entendu, en fils obéissants et très-soumis du St. Siège et pour se conformer humblement aux Décrets de la Sacrée Congrégation de la Propagande !

Et c'est ainsi que fut résolu pour elle la question de l'hôpital et cela avec l'approbation du Recteur de l'Université Catholique, agissant, à ce qu'il ne cesse d'affirmer, sous l'impulsion même de la Sacrée Congrégation de la Propagande et du St. Siège.

Donc après avoir fait d'inutiles efforts, d'abord pour chasser l'École de l'Hôtel-Dieu afin de prendre sa place, ensuite pour amener les Religieuses de cet hôpital à lui ouvrir du moins une salle de cinquante lits, la nouvelle faculté prit le parti de fréquenter l'hôpital protestant.

Voici maintenant comment cette faculté crut devoir se procurer un établissement de Maternité.

Monseigneur Bourget, il y a aujourd'hui près de quarante années, aidé d'une pauvre veuve, jetait les bases d'une communauté naissante, appelé *l'Institut de la Miséricorde*. Cette jeune communauté avait pour fin d'offrir une retraite où les malheureuses filles enceintes pourraient cacher leur honte, mettre au monde le fruit de leur crime, et se convertir. Cette pensée si hautement chrétienne du Vénérable Evêque fut combattue comme toutes celles qui ont marqué son grand et si fécond épiscopat. Des entraves de toutes sortes tentèrent de paralyser et même de faire tomber une si belle œuvre. Mais le saint évêque n'était pas homme à reculer devant les obstacles qu'on lui suscitait, surtout lorsqu'il se trouvait en présence d'un bien à réaliser. Il encouragea l'humble veuve et les premières religieuses qui vinrent se joindre à elle, à ne pas faiblir et à poursuivre leur œuvre, sans se préoccuper de l'impopularité qui l'accueillait.

La maison naissante était si pauvre qu'elle n'avait pas même assez de lits pour les religieuses, lorsque le nombre des filles enceintes qu'elle abritait dépassait le nombre dix. Elle était donc loin de pouvoir payer les soins des Médecins.

C'est pourquoi dès l'origine de cette œuvre si pauvre, le Docteur E. H. Trudel, Président actuel de notre Ecole, sur la suggestion de Monseigneur Bourget, vint au secours de l'Institut de la Miséricorde, en donnant gratuitement ses soins aux personnes malades de la Maternité. Bientôt le Docteur Trudel appela les autres professeurs de l'Ecole à son aide pour venir au secours de la Maternité, soit en visitant et soignant les filles malades, soit en instruisant les religieuses, soit en contribuant à agrandir le local et en faisant face aux quelques dépenses nécessaires à l'introduction des élèves de l'Ecole dans cette Maternité. Comme tout était pauvre et restreint dans cette œuvre naissante, on comprend que les moindres secours étaient pour elle un grand secours et qu'ainsi les contributions pécuniaires de l'Ecole, si faibles qu'elles fussent, ne laissèrent point, dans le temps qu'elles furent données, d'être une aide puissante.

Depuis trente-cinq années, l'Institut de la Miséricorde s'est développé et sa Maternité, nous ne craignons pas de l'affirmer, est aujourd'hui une des plus vastes, des plus belles et des plus importantes du monde entier. Et toujours depuis ce temps, l'Ecole eut sous sa charge, et sans aucune rétribution pécuniaire, la partie médicale de cette Maternité.

Avoir assisté à la fondation de cette œuvre, l'avoir secourue pécuniairement dans les embarras nombreux de son berceau, lui avoir prodigué depuis plus de trente-cinq années tous les soins médicaux et cela gratuitement, certes c'étaient là pour l'Ecole des titres qui valaient bien des contrats devant Notaire public. D'ailleurs l'Ecole qui avait affaire à une communauté religieuse, croyait ses droits en parfaite sécurité.

Hélas, elle se trompait. En effet, voilà que les Religieuses de la Maternité, indignement trompées sur le véritable sens des difficultés entre l'Université Laval et l'Ecole de Médecine, signifièrent à l'Ecole que la Maternité serait désormais partagée entre l'Ecole et la nouvelle faculté de Laval, ainsi qu'il appert par la lettre suivante :

J. M. J.

Couvent de la Miséricorde,

Montréal, 29 Août 1879.

F. H. Trudel, M. D., Président de l'Ecole de Médecine et de Chirurgie.

Monsieur le Docteur,

Je dois vous informer que, suivant l'ordre de l'Autorité Ecclésiastique, nous admettons à notre Maternité les deux écoles. Chacune aura sa semaine : (le 28 Septembre, commencera la semaine de l'Ecole de Médecine et de Chirurgie, la semaine suivante sera à l'Université, la troisième à l'école et ainsi de suite ;) le médecin de chaque école aura la liberté de visiter les malades de sa semaine en tout temps.

Nous nous appuyons sur la bonne entente et sur la paix que nous croyons devoir exiger pour vous communiquer ces choses en toute confiance.

Je demeure avec respect,

Monsieur le Docteur,

Votre très-humble servante,

SR STE THÉRÈSE DE JÉSUS SUP.

Cette injustice flagrante révolta l'Ecole, qui sans la ferme conviction que la Sacrée Congrégation de la Propagande lui fera rendre justice, aurait déjà traduit devant les tribunaux civils l'institut de la Maternité, pour exiger la rétribution des dommages qu'on lui causait.

Car bien qu'il n'y ait point de contrats *écrits et légaux* entre l'Institut de la Miséricorde et l'Ecole au sujet de la Maternité, les droits de l'Ecole sont certains et ne peuvent être mis en doute devant aucun tribunal ayant tant soit peu souci de la justice et du droit. D'ailleurs, l'Ecole a, là-dessus, l'opinion écrite des hommes de loi les plus éminents et les plus sincèrement catholiques.

Pour l'information des lecteurs, voici un extrait d'une de ces opinions : l'auteur n'hésite pas à déclarer que l'Ecole a le droit de se faire rembourser intégralement par la Maternité, la valeur de ses soins médicaux, de l'enseignement donné aux religieuses, et de toutes les autres dépenses faites par l'Ecole, depuis tant d'années, pour secourir cet hospice.

Voici d'ailleurs ce qu'il dit :

" Après l'exposé des faits qui précède, il me parait certain que
" l'Ecole de Médecine et Chirurgie de Montréal a des droits ac-
" quis contre l'Hospice des Sœurs de la Miséricorde. Il me pa-
" rait évident que le tout s'est fait avec l'entente implicite que
" l'Ecole conserveroit, au profit de son enseignement, tous les
" avantages acquis, tel que dit ci-dessus, et cela aussi longtemps
" qu'elle ne donnerait pas à cette Institution de justes sujets de
" rompre ou modifier, au détriment de l'Ecole, les rapports qui
" ont existé jusqu'à présent entre cette dernière et l'Hospice.

" Il n'est pas raisonnable de croire que MM. les Médecins de
" l'Ecole auraient fait autant de sacrifices et donné autant de
" soins gratuits durant si longtemps avec la perspective de se
" voir un jour ou l'autre mis à la porte sans raison valable, ou
' même à voir la direction médicale de la Maternité partagée
" entre elle et une institution hostile ayant l'intention évidente
" de la détruire. D'un autre côté, il n'est pas plus raisonnable
" de supposer que l'Hospice de la Miséricorde devant, dans une
" grande mesure, son existence même à l'Ecole et ayant reçu
" d'elle tant de services gratuits, ait eu l'intention de se réserver
" le droit de mettre à la porte, ou même de lui faire partager la
" direction avec une nouvelle Ecole rivale et même hostile, à
" laquelle elle ne doit rien.

" Il y a donc lieu de présumer ici une convention tacite assu-
" rant à l'Ecole la direction médicale exclusive de l'Hospice de
" Maternité aussi longtemps que ni elle ni aucun de ses profes-
" seurs ne donneraient à l'Hospice de justes sujets de lui retirer
" cette direction.

" Et remarquons-le, cette convention tacite a reçu sa consé-
" cration dans le fait accompli. Ce fait, c'est une convention
" tacite exécutée depuis de longues années.

" Maintenant, quelle est l'étendue de ces droits acquis ? Vont-
" ils jusqu'au point d'obliger l'Hospice de la Maternité à tou-

" jours maintenir l'Ecole dans sa direction médicale aussi long-
" temps qu'elle n'aura pas de graves sujets de se plaindre de
" l'Ecole ?

" Vu l'absence de toute convention'explicite écrite et même ver-
" bale, je ne suis pas prêt à affirmer que l'Ecole ait, dans ce sens,
" un droit absolu. Il me parait y avoir sur ce point des raisons
" de douter. Il n'y aurait qu'un procès qui pourrait sur ce
" point, donner une solution certaine. Toutefois, l'on peut dire,
" en faveur de l'Ecole, que la manière dont l'Ecole a, de fait,
" jusqu'aujourd'hui, conservé le droit de direction et l'étendue
" du privilège dont l'Hospice de la Maternité a jusqu'à aujour-
" d'hui fait jouir l'Ecole, est la mesure du droit que le dit Hos-
" pice a entendu conférer à l'Ecole et que cette direction ayant
" été jusqu'aujourd'hui entière, il s'en suit que le droit de
" l'Ecole est un droit de direction médicale complet. Cependant,
" même en admettant douteux les droits de l'Ecole de conserver
" la direction médicale de l'Hospice, il me parait certain que si,
" sans raison notable découlant de fautes ou d'actes repréhen-
" sibles de l'Ecole, l'Hospice de la Misericorde lui ôte, soit toute
" la direction, soit même la moitié ou une partie quelconque
" de la direction médicale de l'Hospice et exclut ses élèves, soit
" totalement soit partiellement, l'Ecole aura une action en
" indemnité contre l'Hospice et que pour le montant de cette
" indemnité, la Cour prendra en considération d'un côté le
" dommage que l'Ecole pourra souffrir dans son prestige, son
" enseignement, les revenus de ses cours, et de l'autre la valeur
" de leçons et soins médicaux donnés gratuitement et, de plus,
" la valeur des dépenses de construction, ameublement et toutes
" autres dépenses occasionnées jusqu'à ce jour à l'Ecole. Car
" l'Hospice enlevant à l'Ecole tout ou partie des avantages que
" cette dernière avait droit d'attendre en retour de ce qu'elle a
" fait pour l'Hospice, l'Ecole aurait le droit de lui faire rem-
" bourser intégralement la valeur de ses soins médicaux, de
" l'enseignement donné à ses membres et de toutes les dépenses
" de construction et d'ameublement faites par l'Ecole de Mé-
" decine et de Chirurgie de Montréal dans les circonstances ci-
" dessus mentionnées.

" Montréal, 9 Septembre 1879.

" (Signé)   F. X. A. TRUDEL, Avocat. "

Après s'être emparé de la Maternité et de plusieurs autres institutions qui, auparavant, étaient sous la direction de l'Ecole, la nouvelle Faculté ouvrit ses cours contre tout droit et toute justice, puisque cette nouvelle Faculté qui n'existe et ne peut exister qu'à titre de succursale de Laval à Montréal, n'a aucune existence civile : la Charte Royale n'autorisant pas l'Université Laval à établir des succursales.

Quel tort cette faculté fait à ses propres élèves qu'elle trompe indignement, et qui seront un jour ou l'autre dans la triste position de ne pouvoir se servir des diplômes qu'ils y auront reçus, puisque ces diplômes auront été donnés contrairement à la Charte Royale !

L'Ecole, pour anéantir cette faculté, n'avait qu'à la citer au tribunal de la Loi Civile. Mais l'Ecole a préféré différer autant que possible et s'adresser à la sainte Congrégation de la Propagande, assurée que justice lui serait rendue.

Arrivé à Rome le 12 novembre 1879, le Docteur d'Odet d'Orsonnens représentant de l'Ecole, apprenant que Monseigneur de Montréal se trouvait dans la Ville Eternelle, s'empressa de voir Sa Grandeur. Voulant prouver une fois de plus à son Evêque, combien il était pénible pour l'école de se voir obligée de lutter ainsi contre Son évêque, le Docteur d'Odet d'Orsonnens suggéra à Sa Grandeur un projet d'entente qui, accepté de part et d'autre, réglait toute la difficulté sans que le sacré tribunal de la Propagande eut à intervenir autrement que pour le sanctionner et l'approuver. Malheureusement, Sa Grandeur Mgr de Montréal n'était point autorisée à agir au nom du Recteur de l'Université Laval et il fut, pour cette raison, impossible de donner suite à ce projet d'entente cordiale.

Le Docteur d'Orsonnens dut donc se résigner à préparer un Mémoire afin de le soumettre aux Eminentissimes Cardinaux de la SacréeCongrégation de la Propagande pour qu'Ils instruisissent et jugeassent toute la cause. Ce Mémoire est actuellement devant leurs Eminences qui devront donner une décision prochaine sur le tout.

Maintenant que nous avons fait l'historique de toutes les difficultés pendantes entre l'Université Laval et l'Ecole de Médecine et de Chirurgie de Montréal, Faculté Victoria, nous allons passer à l'examen du mérite même de tous les points se rattachant à cette cause.

SECONDE PARTIE.

Mérite de la question.

Pour s'implanter à Montréal l'Université Laval avait réussi à tromper la Congrégation de la Propagande, en faisant croire qu'elle avait été instituée pour servir non pas seulement au diocèse de Québec, mais à tout le vaste territoire qui formait la Province Ecclésiastique de Québec. C'est-à-dire pour un territoire alors plus étendu que l'espace occupé sur la carte géographique de l'Europe par l'Italie, l'Autriche, l'Empire d'Allemagne, la Suisse, la France, l'Espagne, le Portugal, la Belgique, la Suède, la Norvège et le Royaume Uni de la Grande Bretagne et d'Irlande. Un territoire où, depuis, le St Siège a dû, pour répondre au développement extraordinaire de ce jeune mais vaste pays, tripler les *provinces ecclésiastiques* et quintupler les diocèses.

La vérité est que, lors de la création de l'Université Laval, il a été entendu par Mgr l'Archevêque de Québec et les autres Evêques de la Province, ainsi que par le Séminaire de Québec, fondateur de cette Université, qu'il pourrait y avoir et qu'il y auroit au besoin plusieurs Universités Catholiques dans la dite Province.

Le premier Concile de Québec, en 1851, et plus tard le troisième Concile de Québec, en 1866, formulèrent ce décret : *Nihil vero nobis non emoliendum erit, ut Catholici, sua jura retinentes, scholis sibi propriis sicut Collegiis Universitatibus in tota nostra Provincia fruantur.* Ce Décret qui fut, à deux reprises, approuvé par le St Siège, c'est-à-dire en 1851 et en 1866, ne dit pas " *Uni-* " *versitate, une seule Université,* mais *Universitatibus, des Univer-* " *sités.* "

Mais voici qui est encore plus formel. L'Indult de Sa Sainteté Pie IX, érigeant l'Université Laval, le sixième jour de Mars 1853, ne l'autorise pas à conférer les grades théologiques aux élèves de tous les séminaires de la Province Ecclésiastique de Québec, mais aux seuls élèves du séminaire de Québec : " *benigne annuit* " *ut Quebecensis Archiepiscopus pro tempore existens Lauream doc-*

" *toralem et gradus in sacra Theologia cum juribus et privilegiis*
" *consuetis conferre valeat eis qui vitae integritate ceteroquin praes-*
" *tantes, postquam litteris as philosophiae sedulo vacaverint in*
" *studia sacra plures in classes distributa apud scholas* SEMINARII
" QUEBECCENSIS *rite incubuerint...*"

Nous le demandons aux personnes honnêtes, cet Indult res-
treignant l'action de l'Université Laval au seul séminaire de
Québec, et le Décret du premier et du troisième Conciles cité
plus haut, prouvent-ils d'une manière assez évidente que l'Université Laval n'a pas été fondée pour être la seule Université au
Canada ? Et ce qui à été rapporté, dès les premières pages de ce
travail, des déclarations de Mgr l'Archévêque de Québec et du
Recteur de l'Université Laval, ne vient-il pas encore ajouter à
cette évidence ? Comment l'Université Laval a-t-elle réussi plus
tard et tout récemment encore à persuader au St Siège qu'elle
avait été instituée *pour servir à tous les diocèses de la Province
de Québec*, comme le dit le Décret de la Propagande, c'est ce
qu'il est impossible de comprendre.

Nous ne comprenons pas plus qu'elle soit parvenue à faire si
bien ressortir les sacrifices pécuniaires que coûta sa fondation,
que la Sacrée Congrégation de la Propagande ne vit plus que
ces sacrifices de Québec et oublia les sacrifices de Montréal !
L'Université Laval affirmait en 1862 que tant pour ses bâti-
ments, sa bibliothèque, ses musés, ses professeurs, etc., etc., etc.,
elle avait dépensé près de un milion cinq cent mille francs.
C'est beaucoup, nous le reconnaissons hautement, mais c'est
peu en comparaison des sacrifices que Montréal a faits, tout en
étant privé du privilège d'Université, pour l'enseignement de la
Théologie, du Droit, de la Médecine.

Pour la Théologie, les Messieurs du Séminaire de St Sulpice
ont déboursé plus de quatre millions de francs, pour les édifices, les bibliothèques, les professeurs, les pensions gratuites des
élèves, etc., etc., etc. Pour leur école de Droit, délaissée par
Laval, et pour la jeunesse instruite, les Jésuites de Montréal
ont fait des sacrifices considérables. Les Messieurs de St Sulpice,
avec l'aide des citoyens, en outre de leurs sacrifices pour la
Théologie, ont élevé un édifice qui est un palais, avec des salles
académiques, des bibliothèques, des cabinets de lecture, des
billiards, valant au moins un millions de francs, le tout au ser-

vice de la jeunesse instruite, c'est-à-dire des jeunes gens appar-
'tenant aux carrières de Droit, de Loi, de la Médecine, du Commerce et des Arts.

C'est dans ce splendide édifice que se donnent aujourd'hui les
cours de Droit.

L'Ecole de Médecine, avec le seul concours de ses Professeurs,
la générosité de Hôtel-Dieu et les bénédictions du ciel, a pu
depuis sa fondation, tant pour les édifices, les musées, les bibliothèques, les instruments chirurgicaux, l'entretien du personnel
enseignant, etc., etc., sacrifier plus de huit cent mille francs.
Une foule d'autres sommes ont été dépensées pour le même
objet.

Donc Montréal a mis au service de la jeunesse se destinant
au Sacerdoce et aux carrières du Droit, de la Médecine, des
Arts, du Commerce au moins *six millions de francs*. L'Université
Laval, d'après son propre témoignage, n'avait, en 1862, mis au
service de la jeunesse se vouant aux mêmes carrières, que la
somme d'un million cinq cent mille francs, il se trouve que
Laval aurait déboursé deux millions de francs au service de
son œuvre. C'est-à-dire que Laval n'a pas réalisé le tiers des
sacrifices de Montréal au service de l'enseignement des mêmes
sciences.

Comment se fait-il, les choses étant ainsi, que sous le prétexte
des sacrifices de l'Université Laval, la Sacrée Congrégation de
la Propagande décide, en 1876, que Montréal sera rançonné par
Québec, que Montréal paiera à Laval un tribut particulier, le
tribut des Diplômes. Evidemment sur ce point, comme en tant
d'autres en cette cause, la Propagande avait été indignement
trompée par le représentant de l'Université Laval.

Dans toutes les circonstances, comme dans ses pourparlers
avec l'Ecole de Médecine et de Chirurgie de Montréal, l'Université Laval se posa comme lui étant bien supérieure par l'importance et la longueur de ses cours, qui étaient de neuf mois chez
elle, tandis qu'ils n'étaient que de six mois à l'Ecole. Par le
Décret de la Propagande, nous voyons que Laval avait réussi à
mettre la Sacrée Congrégation sous cette fausse impression.
Pour réduire cette assertion ou plutôt cette prétention de Laval
à sa juste valeur, il suffira de dire que le nombre de lectures
était le même dans les deux institutions : seulement, les cent

vingt lectures, sur chaque branche particulière, exigées par la loi, étaient données de suite tous les jours, le dimanche et samedi exceptés, à l'Ecole, tandis qu'au contraire, elles ne se suivaient pas ainsi à Laval. Ce qui s'explique facilement par le nombre de branches qu'enseignait et enseigne encore, pendant ces neuf mois, le même professeur, comme le prouvent les annuaires de l'Université Laval.

Un homme peut-il en effet donner six lectures tous les jours pendant plusieurs mois, et s'y préparer d'une manière profitable pour ses élèves ? C'est ainsi, par exemple, que le Dr Larue de Laval, à Québec, enseigne les six branches suivantes : Chimie, Médecine légale, Toxicologie, Hygiène, Histologie, Clinique interne. A Montréal, au contraire, l'Ecole de Médecine emploie cinq professeurs pour donner ces mêmes leçons. A Québec encore, le Dr Simard donnait et donne de même aujourd'hui les cours suivants : Pathologie générale, maladies des yeux et des oreilles, Clinique de ces mêmes maladies, Physiologie. A Montréal, l'Ecole emploie pour les mêmes lectures deux professeurs.

Comme on le voit, cette différence dans la durée dés cours, entre les deux institutions, était et est encore plutôt un véritable besoin pour les professeurs de Québec que le plus léger avantage pour les élèves.

Voilà l'explication franche et loyale de la nécessité de ces cours de neuf mois, pour pouvoir donner annuellement le même nombre de lectures à Québec, qui se donnent encore à l'Ecole de Médecine de Montréal en six mois, ainsi qu'à McGill, Bishop et ailleurs.

L'Université Laval a prétendu encore qu'elle exigeait un plus grand nombre d'années d'études pour donner ses diplômes. Les faits sont encore là et les noms peuvent être cités, pour prouver non seulement le contraire mais même que bien souvent beaucoup de ces jeunes gens avaient étudié un an de moins que le temps fixé par la loi. Il importe de remarquer de plus, que jusqu'à l'automne dernier, l'Université Laval agissait encore contre la loi qui réglait l'étude de la Médecine, dans la Province de Québec, en donnant ainsi autant de chaires au même professeur. Mais à cette époque, une nouvelle loi pour régler l'étude de la Médecine (à la confection et à la passation de laquelle le Recteur de l'Université Laval a pris part) a mis de côté, en conséquence, cette sage mesure de défendre ainsi cette accumulation de chaires sur le même individu !

Elle fixe à quatre ans, invariablement et pour tous indistinctement, le temps d'étude nécessaire à la Médecine.

Elle détermine les cours, le nombre et la durée des leçons de chacun. Elle nomme un Bureau de Médecine qui envoie des assesseurs pour assister aux examens des Universités et des Ecoles, et lui faire un rapport constatant si les exigences de la loi sont fidèlement remplies.

Tous les corps enseignants, au grand contentement de l'Ecole de Médecine, sont donc enfin sur le même pied. Aucun ne pourra faire moins que ce que la loi exige, chacun pourra faire plus. C'est ainsi que l'Ecole de Médecine de Montréal a de plus que Laval actuellement les quatre cours suivants : Diagnostic Médical, Chimie Médicale, Histoire de la Médecine, Dermatologie, enseignés chacun par un professeur particulier. De plus, après les cours publics et obligatoires de six mois ou de cent vingt lectures chaque, l'Ecole donne encore, pendant les autres six mois de l'année, des Cliniques à l'Hôtel-Dieu, aux dispensaires, à la maternité (où le même élève a pu assister pendant un seul semestre à trente accouchements, lorsque la loi n'en exige que six pendant les quatre ans).

Des cours particuliers sont aussi donnés dans ses salles.

De plus un professeur donne, depuis trente ans, tous les jours, des répétitions sur les différentes branches de l'art médical, etc., etc., etc.

Il était donc, comme il est encore aujourd'hui, souverainement ridicule et injuste de la part de Laval de chercher à rabaisser l'enseignement de l'Ecole de Médecine de Montréal. D'ailleurs, le nombre toujours croissant des élèves de cette dernière, les succès constants et reconnus partout des nombreux médecins qu'elle a déjà formés, lui rendent un juste témoignage qu'il est oiseux, pour ne pas dire plus, de chercher à lui contester.

De plus, tout le monde sait encore et ne veut pas oublier que toujours ses élèves, sans aucune exception, ont subi de brillants ou du moins de bons examens, devant un bureau d'examinateurs appartenant aux autres universités, et ce, pendant plus de vingt-cinq années ; c'est-à-dire jusqu'au moment où, devenu faculté universitaire, l'Ecole put examiner elle-même ses élèves. Laval s'est encore beaucoup louée de sa bibliothèque ! Si l'Ecole de Médecine de Montréal n'expose pas dans ses murs une vaste bibliothèque, chacun de ses professeurs a la sienne propre qu'il augmente tous les jours des ouvrages nouveaux qui paraissent, surtout de ceux qui regardent la branche qu'il enseigne, et c'est sur l'analyse de tous ces auteurs que reposent ses leçons. Les élèves ont accès à ces bibliothèques particulières.

Laval se glorifie encore de ses instruments de Chirurgie ! Mais l'Hôtel-Dieu, à Montréal, en a remis à l'Ecole de Médecine l'arsenal le plus complet même que l'on puisse rêver. Les Elèves ont tous les avantages possibles, non seulement pour les bien connaître, mais ils ont souvent, souvent encore, celui bien plus grand de les voir employer.

Laval n'a pas de journal de Médecine, à Québec; l'Ecole de Médecine, à Montréal, a le sien dont elle fournit toute la matière à imprimer à son Editeur sans aucune rémunération quelconque !

Mais entrons maintenant dans le vif même du mérite de toute cette question entre Laval et l'Ecole.

Ce qui a été fait à Montréal pour l'établissement des facultés de Droit et de Médecine de l'Université Laval est contraire à l'esprit et à la lettre du Décret de la Propagande en date du 1er février 1876, des Lettres Apostoliques érigeant canoniquement cette Université et de la Charte Royale.

Prouvons le :

Et d'abord, *contraire à l'esprit et à la lettre du Décret de la Propagande.* En effet, ce Décret déclare que l'Université Laval s'établira à Montréal pour la raison suivante : *afin d'empêcher que les Ecoles de Droit et de Médecine, existant dans la dite ville, ne continuent à être affiliées à des Universités Protestantes.*

Or, au lieu de former la faculté de Droit avec l'Ecole de Droit qui existait depuis de longues années et avait pendant longtemps donné des cours réguliers chez les Jésuites de Montréal, le Recteur a institué une nouvelle faculté sans plus *tenir* compte de l'Ecole de Droit des Jésuites que si elle n'eut jamais existé.

Pour l'Ecole de Médecine, le Recteur de Laval, après avoir solennellement déclaré qu'il préférait ne pas avoir l'Ecole dans la succursale, commença à organiser la faculté de Médecine en mettant l'Ecole de côté, selon qu'il en fait l'aveu lui-même, dans une lettre du 30 janvier 1878, mais en ayant soin, selon son habitude, de rejeter l'odieux de cette démarche sur l'autorité. Voici ce qu'il disait dans cette lettre : " Mais le premier décem- "bre a eu lieu un acte officiel en forme, avec autorisation des "autorités intéressées, pour la création d'une faculté de Méde- "cine en dehors de l'Ecole. Le Docteur Rottot a alors été choisi "comme doyen de cette faculté."

Puisque le nom du Dr Rottot revient sous notre plume avec le titre de Doyen de la faculté de Laval, il nous paraît nécessaire d'expliquer en quoi le changement dans l'ordre des préséances, l'un des griefs de l'Ecole, était odieux pour elle, injuste et inacceptable. Après l'obtention du Décret de la Propagande, permettant à Laval d'établir une succursale à Montréal, Mr le Recteur vint y créer sa faculté de médecine ; et au mépris des termes même du Décret qui voulait *venir en aide aux institutions existantes*, il créa une nouvelle faculté à la tête de laquelle il plaça, comme Doyen, Mr le Docteur Rottot, un des plus jeunes des membres de la Corporation de l'Ecole de Médecine. Nous avons expliqué comment Son Excellence le Délégué apostolique, l'avait forcé à abolir cette faculté. Ainsi, Mr le Dr Rottot, l'un des plus jeunes professeurs de l'Ecole, avait de suite consenti à abandonner cette dernière pour devenir Doyen de la faculté Laval. Mr le Recteur avait sans doute vu par là qu'il ne tenait pas à l'Ecole et combien facilement, pour des honneurs surtout, il l'amènerait à accomplir son but de tuer l'Ecole. C'est pour cela et sans doute aussi pour le récompenser de sa prompte défection et de son empressement à lui prêter main-forte, que, sans raison plausible, il lui donne préséance sur le Dr Trudel, *le Président de l'Ecole*, beaucoup plus ancien que lui et par l'âge et comme professeur, et, ce qui sera admis de tout le monde, dont la position sociale et professionnelle, le caractère et la science et surtout sa qualité de Président, donnaient amples droits à la préséance pour ne rien dire de plus.

Quelque injurieuse que fut pour le Dr Trudel cette injuste préférence, il fut le premier à prier ses collègues de n'en pas tenir compte. Mais l'Ecole ressentant l'injure faite à son Président, et comprenant qu'il y avait là une manœuvre employée pour déconsidérer l'un de ses membres, le plus en état de défendre ses droits, crut devoir protester, sans cependant en faire une cause de conflit. Il n'y avait donc pas, dans cette affaire de préséance, une simple question d'étiquette ou d'amour-propre personnelle. Il y avait là une grave injustice et le premier de cette série d'actes arbitraires et injustes employés par Mr le Recteur pour ruiner l'Ecole de Médecine et y substituer de ses créatures, qu'il eut réussi plus facilement à tenir dans l'état d'infériorité qu'il rêvait pour la succursale de Montréal.

Rappelé à la lettre du décret de la Propagande par le délégué Apostolique, le Recteur, ainsi forcé de traiter avec l'Ecole, mais demeurant fidèle à sa première pensée de la mettre de côté, arrive, ainsi qu'il a été dit plus haut, à la rejeter complètement et à former définitivement une nouvelle faculté de Médecine, comme il avait tout d'abord formé une nouvelle faculté de Droit.

Non seulement, le Recteur a agi contre la lettre du Décret de la Propagande, en créant de nouvelles facultés de Droit et de Médecine, au lieu de venir au secours des *Ecoles de Droit et de Médecine déjà établies à Montréal*, mais il a péché contre l'esprit même de ce décret.

En effet, le décret est rendu pour empêcher les Ecoles de Montréal *d'être affiliées à des Institutions Protestantes*. Or le Recteur crée une nouvelle faculté de Médecine qui est l'humble commensale de deux institutions protestantes, savoir : l'*Université McGill* et le *General Hospital*.

Le décret de la Propagande dit encore que l'établissement de Laval à Montréal s'exécutera avec le concours des Evêques de la Province Ecclésiastique de Québec. Cette condition du décret a été aussi méprisée, comme plusieurs autres dont nous ne parlons pas ici, voulant nous borner aux griefs capitaux. Non seulement les Evêques ne sont pas intervenus pour l'institution de Laval à Montréal, mais, ainsi que nous le prouvons dans la première partie de ce Mémoire, ils ont décliné la compétence de leur tribunal en cette affaire, lorsque l'Ecole de Médecine leur a soumis les premières difficultés survenues à l'occasion de l'exécution de ce Décret. Ce que le Recteur a exigé de l'Ecole de Médecine, en particulier, est encore contraire à l'esprit et à la lettre du décret de la Propagande. Le Décret ne dit pas que pour établir la *succursale* de Laval à Montréal, il faille exiger

des Ecoles de Montréal et de l'Ecole de Médecine plus particu-
lièrement, les sacrifices que voici, et que nous citons textuellement des conditions imposées à cette Ecole, ainsi qu'il a été
facile de s'en convaincre dans la première partie de ce mémoire :

1o. *L'administration financière sera entre les mains de la Corporation Episcopale de Montréal, laquelle agira comme propriétaire.*

2o. *L'Ecole de Médecine et de Chirurgie de Montréal passera à la
Corporation Episcopale Romaine de cette ville tous ses biens, propriétés, revenus de ses Cours, etc., etc., etc.*

3o. *La faculté de Médecine et les autres facultés dépendront complètement de l'administration financière locale.*

4o. *Ces facultés ne possèderont rien par elles-mêmes.*

5o. *Le paiement des professeurs se fera par l'administration financière à laquelle appartiendront tous les revenus des Cours, les dons,
les legs.*

Jamais la Sacrée Congrégation de la Propagande n'a réglé et
statué dans son Décret que les institutions de Montréal devront
ainsi se dépouiller de leurs propriétés, de leurs biens, de leurs
revenus au profit de Laval et afin de permettre à cette université de s'établir dans cette ville. Et pourtant voilà bien ce que
l'on a exigé de l'Ecole de Médecine. On a profité de ce que les
membres de cette Ecole ne connaissaient point le Décret pour
leur faire croire que telle était la volonté suprême de la Propagande. Grand, il est vrai, fut leur étonnement de voir ainsi
leur école dépouillée de tout.

Peu versés dans la science des droits de l'Eglise, trop bons
Chrétiens pour croire que la Sacrée Congrégation de la Propagande pourrait autoriser la spoliation et le vol, ils avaient fini
par se dire que le Saint Siège, en vertu de son autorité suprême,
pouvait disposer, comme il l'entendait, des biens, des propriétés,
des institutions laïques Catholiques ! Une telle interprétation
des sacrifices que l'on contraignait l'Ecole d'accomplir leur paraissait bien étrange ; mais il leur semblait encore plus impossible de supposer que la Propagande eut, sans en avoir le droit,
pris sur elle de décréter que les propriétés et les biens de l'Ecole
de Médecine seraient désormais les biens et les propriétés de
l'Evêque de Montréal ou de la Corporation Episcopale en *fidei-
commis* au profit de Laval, et que les revenus des Cours de
l'Ecole, les dons, les legs qui pourraient lui être faits seraient

désormais la propriété commune de toutes les facultés de Montréal. Quand il leur fut donné de connaître le Décret, les membres de l'Ecole purent facilement se convaincre que la Propagande n'avait décrété aucun des sacrifices exorbitants, monstrueux, que l'on avait obtenus d'eux, en les trompant de la façon la plus misérable et la plus indigne. Ils se convainquirent que ce n'était que par la plus noire perfidie que le Recteur de Laval avait mis, comme dernière clause aux conditions si injustement onéreuses de son contrat avec l'Ecole, cette proposition hypocrite, malhonnête, savoir : "*En résumé, toutes les* "*conditions renfermées dans la Décision de la Sacrée Congréga-* "*tion de la Propagande du 1er fevrier 1876 seront observées.*"

Et quand, plus tard encore, les membres de l'Ecole sûrent, d'une manière certaine, que le Grand Séminaire de St Sulpice de Montréal était devenu la faculté de Théologie de l'Université Laval, *sans avoir été obligé à aucun des sacrifices exigés de l'Eco- le ;* quand ils se rappelèrent que, pour les forcer à faire ces sa- crifices, on leur avait fait croire que les autres facultés y étaient aussi contraintes de par l'autorité du Décret, ainsi qu'il appert dans la clause suivante du contrat de l'Ecole avec le Recteur : "*La faculté de Médecine, de même que les facultés de* "*Théologie...... c'est-à-dire que les facultés ne possèderont rien par* "*elles-mêmes ;*" quand ils virent qu'on leur avait ainsi menti et sur le Décret de la Propagande, et sur les conditions exigées des autres facultés, ils ne purent comprendre comment un prê- tre, Recteur d'une Université Catholique, avait pu pousser aussi loin le mensonge et l'astuce, la malhonnêteté et l'injustice en- vers l'Ecole, la perfidie et l'irrévérence envers la Sainte Con- grégation de la Propagande et son vénérable Décret du 1er février 1876.

L'établissement de l'Université Laval à Montréal, tel que réalisé par le Recteur, est de plus contraire aux *Lettres Aposto- liques* et à la *Charte Royale.*

En effet, les Lettres Apostoliques disent formellement qu'en sanctionnant le Décret de la Propagande, elles ne veulent déroger en rien à la Charte Royale.

"*Cum vero Magnæ Britanniæ Regina Victoria jampridem Uni-* "*versitatem amplo approbationis diplomate, cui in nullâ re dero-* "*gatum volumus.*"

Or, comme il est prouvé plus haut, la Charte Royale ne con-cède pas à l'Université Laval le pouvoir d'établir des *succur-sales ;* mais celui de faire des *affiliations.* Donc, en établissant ses *succursales* de Droit et de Médecine, le Recteur a violé premièrement la Charte Royale qui ne donne que le pouvoir d'affilier, et, secondement les Lettres Apostoliques en dérogeant à la Charte à laquelle ces Lettres déclarent ne vouloir déroger en rien : *cui in nullá re derogatum volumus.*

L'on peut donc voir d'un seul coup d'œil toute la gravité de la situation que l'Université Laval fait ici au St. Siège. Elle met non seulement la Sacrée Congrégation de la Propagande, mais le Souverain Pontife, lui même, en conflit avec le Gou-vernement Anglais qui ne peut s'expliquer comment, tout en proclamant dans ses Décrets qu'il ne veut en rien déroger à la Charte Royale, le Saint Siège décrète cependant tout un ordre de choses contraire à cette Charte.

Les faits suivants démontreront jusqu'à quel point, en violant le Décret de la Propagande, en violant les Lettres Apostoliques et la Charte Royale, l'Université Laval et son Recteur sont coupables et quelle malice ils y ont mise.

En apprenant que, par le Décret de 1876, l'Université Laval allait s'établir à Montréal, les Evêques de la Province de Québec s'émurent profondément à la pensée des difficultés sans nombre, qu'un tel établissement ne manquerait pas de susciter de toutes parts. Nos Seigneurs les Evêques, par l'entremise de Mon-seigneur des Trois-Rivières, présentèrent à la Sacrée Congréga-tion de la Propagande, le 5 Février 1877, un Mémoire dans lequel leurs craintes à ce sujet étaient respectueusement sou-mises. Avant de quitter Rome, Monseigneur des Trois-Rivières adressait une lettre à Monseigneur Agnozzi, alors secrétaire de la Propagande, lui donnant copie d'une lettre de Monseigneur Fabre à Mr. le Chanoine Lamarche, dans laquelle Sa Grandeur expose l'impossibilité de former une succursale de Laval à Montréal. Voici comment Monseigneur Fabre, alors Coadjuteur de Monseigneur Bourget, et depuis Evêque de Montréal s'ex-primait :

Mon cher Chanoine,

Je viens d'écrire à Monseigneur Laflèche, (l'Evêque des Trois-Rivières,) pour le prier de ne pas quitter Rome avant d'avoir bien terminé son affaire. *Faites tout au monde pour que l'on n'urge pas la fondation d'une succursale de Laval à Montréal.* Vous savez que d'après le Décret, on ne peut qu'affilier les écoles qui existent déjà. Il faudrait donc, pour la Médecine, fonder une quatrième école. Pour cela, il faut des fonds : or il est certain que lors même que l'Evêque de Montréal serait un ami intime de l'Université, il ne réussirait pas à collecter cent piastres pour cette œuvre.

Car le clergé et les citoyens instruits ne mettraient aucun zèle à une pareille entreprise. De plus, lors même que l'Evêque persisterait à fonder une succursale, il ne pourrait pas trouver d'élèves. Car d'après le Décret, il faut que les élèves paient aussi cher qu'à Québec......

Montréal 3 Septembre 1876.

signé   † Edouard Charles
Ev. de Gratianopolis.

Frappée de la force des raisons apportées par les Evêques, la Propagande avait chargé Monseigneur le Délégué Apostolique de faire comprendre à l'Université Laval qu'elle devait faire des concessions et ne point trop exiger des écoles de Montréal.

L'on sait maintenant comment l'Université Laval ou plutôt son Recteur, car c'est le Recteur qui est tout dans cette affaire, a tenu compte de ces conseils venus de Rome. Loin de concéder il a renchéri encore sur les conditions du Décret, dont il a si injustement et si malhonnêtement abusé et dont il se moque aujourd'hui à la face du pays.

Le Décret dit, en effet, qu'il serait ruineux pour Laval d'accorder des affiliations aux écoles de Montréal. Et Laval, se basant sur le Décret, a refusé l'affiliation à l'école. Eh bien, aujourd'hui, le Recteur dit tout haut à qui veut l'entendre qu'il n'y a point de différence entre une succursale et une affiliation ; que c'est faire une querelle de mots que de vouloir distinguer entre ces deux choses ; que les facultés de Médecine et de Droit qu'il a établies à Montréal, en vertu du Décret de 1876, sont des affiliations, de vraies affiliations, qu'en conséquence ces facultés ont le droit que la loi concède à toutes les affiliations. C'est pour avoir tenu ce langage, à une assemblée composée de Membres du Parlement, de médecins et de représentants des différentes institutions enseignant la médecine, que le Recteur a obtenu que sa nouvelle faculté de médecine de Montréal fut représentée par deux membres dans le Bureau Provincial de Médecine, ainsi que le prouve une lettre qu'écrivait Monsieur le docteur E. H. Trudel, président de l'Ecole de Médecine et de Chirurgie de Montréal, en date du 14 août 1879. Dans cette lettre le Dr. Trudel, qui avait assisté aux assemblées du comité tenu à Québec pour préparer une loi de médecine, témoigne du fait que le Recteur de l'Université Laval avait eu le courage de dire qu'une *affiliation* et une *succursale* étaient la même chose ; que c'était jouer sur les mots que prétendre le contraire, qu'il affirmait cela afin d'obtenir quatre gouverneurs dans le Bureau Provincial de Médecine, la loi accordant à chaque faculté le droit d'avoir deux gouverneurs dans le Bureau. Une succursale n'étant pas considérée comme une faculté distincte, ne pourrait être représentée dans le Bureau. Voilà pourquoi le Recteur qui avait toujours refusé des affiliations à Montréal et qui les avait fait refuser par le St. Siège, sous le prétexte que Laval ne pouvait qu'accorder des succursales, déclara que la succursale de Montréal était une affiliation véritable.

Maintenant qu'il sait que la loi se prépare à le ramener à la Charte Royale en lui interdisant les succursales, l'habile Recteur a intérêt à appeler sa succursale de Montréal une affiliation. Peu lui importe alors que le St. Siège et la Sacrée Congrégation de la Propagande soient *par le fait même* compromis ! C'est sa dernière inquiétude. L'essentiel pour lui, c'est d'être à Montréal avec son Université.

Voyons maintenant au prix de quels injustes, iniques, et misérables moyens l'Université Laval est parvenue à s'établir à Montréal.

1o. La Sacrée Congrégation de la Propagande a été trompée sur différents points d'une souveraine importance, par exemple : premièrement, sur la fin *Provinciale* de la fondation de l'Université Laval, puis qu'il est amplement prouvé que dans la pensée de ses fondateurs, dans celle des évêques de la Province, manifestée dès le 1er Concile de Québec, et dans l'Indulte Pontifical, qu'elle n'est qu'une œuvre *diocésaine ;* deuxièmement, sur le fait que ses sacrifices lui donneraient le droit d'être l'unique Université de la Province de Québec, car fondée dans un but diocésain, ses sacrifices sont peu de chose si on les compare à ceux de Montréal, au service du même enseignement et de la même éducation : troisièmement, sur le droit d'établir des succursales sans déroger à sa charte : *cui in nullá re derogatum volumus*, car la Charte ne lui confére pas le privilége des succursales, mais simplement celui des affiliations : quatrièmement, sur la supériorité de son enseignement sur les écoles de Montréal, puisque, sans parler ici du séminaire de St. Sulpice, où la Théologie s'enseigne au moins aussi excellemment qu'à Laval, l'Ecole de Médecine donne, bien qu'avec une autre division de temps, autant et même plus de cours et de leçons qu'il ne s'en donne à l'Université Laval.

2o. L'Ecole de Médecine et de Chirurgie de Montréal, qui ignorait la lettre et l'esprit du Décret de la Propagande, a été indignement trompée sur les exigences du Décret.

3o. Pour amener l'Ecole à concéder ces exigences, le Recteur affirme par écrit et dans le contrat même qu'il passe avec elle, premièrement ; que les autres facultés subissent la même loi, ce qui est faux et mensonger, puisque la faculté de Théologie, loin d'avoir sacrifié ses propriétés, ses biens, les revenus de ses cours, ne paie même pas les droits annexés aux Diplômes. Deuxièmement : que ces exigences sont celles du Décret : ce qui est encore faux et mensonger.

4o. Pour amener l'Ecole à contracter avec l'Université Laval, le Recteur permet que l'Evêque de Montréal concède à cette Ecole des priviléges que le Recteur ne voudra jamais lui reconnaître : v. g. qu'elle conserve son existence civile, ainsi qu'il l'a formellement déclaré et définitivement fait, tel que constaté dans la première partie de ce travail. Certes si Monseigneur de Montréal et l'Ecole eussent connu les intentions du Recteur, ils auraient pris leurs précautions pour faire respecter cette condition.

5o. Le contrat passé, entre l'Ecole d'une part, et le Recteur de l'autre, est illégitime et nul de plein droit ; car, non-seulement les conditions en ont été violées par le Recteur, mais il a été obtenu à l'aide du mensonge, de la duplicité et contrairement à la lettre et à l'esprit du Décret de la Propagande qui devait lui servir de bases et qui était sa raison d'être.

6o. Aux premiers actes du Recteur méprisant les contrats,

l'Ecole se plaint successivement à Monseigneur de Montréal et aux Evêques réunis en Concile et n'en est point écoutée. Bien que la Propagande désigne Nos Seigneurs les Evêques pour veiller à l'exécution de son Décret, leurs Grandeurs affirment que cette cause n'est point de leur compétence.

7o. Le Recteur de Laval intervient alors et veut forcer l'Ecole à se désister de ses plaintes aux Evêques ou à se retirer de l'organisation de Laval à Montréal.

8o. L'Ecole, maintenant sa plainte, se voit menacée de perdre l'Hotel-Dieu qu'elle soigne gratuitement depuis plus de trente-cinq années et avec lequel elle est liée par tous les liens du droit et de la justice.

9o. L'Ecole et l'Hotel-Dieu résistent énergiquement pour le maintien de leurs droits. Alors on répand dans le public, contre ces deux institutions, les plus fausses et les plus noires accusations. On va même jusqu'à publier dans la presse que l'Ecole manque à ses engagements et est en révolte ouverte avec le St-Siège.

10o. L'Ecole, voulant éviter le scandale d'une polémique publique, se tait aussi longtemps qu'elle peut. Ce n'est qu'à la dernière extrémité qu'elle élève la voix. Elle se contente alors de protester, en le prouvant, qu'elle n'a point cessé d'être soumise d'esprit et de cœur aux Congrégations Romaines et au Siège Apostolique.

11o. Enfin le Recteur finit par avertir chacun des membres de l'Ecole que le Conseil Universitaire les rejette de l'organisation de Laval à Montréal, et il forme, (selon qu'il l'avait d'abord voulu et qu'il aurait primitivement fait si le Délégué Apostolique ne l'en eut empêché), une nouvelle faculté de Médecine à Montréal.

12o. Cette nouvelle faculté a fréquenté un *Hôpital protestant* sous la tutelle d'une *Université protestante.*

Les professeurs de cette nouvelle faculté envoyaient leurs malades catholiques dans cet hôpital, malgré qu'un mandement d'un Evêque de Montréal défendit aux fidèles de fréquenter le dit hôpital.

13o. Pour doter cette nouvelle faculté d'une Maternité, on l'a introduite sur le même pied que l'Ecole, et contre les droits de celle-ci, à l'Hospice de la Maternité des Sœurs de la Miséricorde.

14o. Le Recteur déclare maintenant, en dépit des affirmations contraires du Décret de la Propagande, que *succursales* et *affiliations* sont une seule et même chose et que ce qu'il à établi à Montréal est une véritable affiliation.

15o. Cette déclaration lui vaut le privilège d'avoir deux Gouverneurs de plus dans le bureau Provincial de Médecine.

N'est-il pas étonnant, qu'ayant été ainsi maltraitée, l'Ecole n'ait pas plus tôt usé de son droit en chassant ignominieusement de Montréal l'Universié Laval qui n'a pas le droit d'y être ? Elle n'avait qu'à invoquer la Chartre Royale pour y réussir.

Voulant éviter tout désagrément à la Sacrée Congrégtion de la Propagande et au St-Siège lui-même, qui affirment, et dans le Décret et dans les Lettres Apostoliques, que les succursales de Laval à Montréal s'établiront conformément aux dispositions de la Chartre Royale, et aux frais du Diocèse de Montréal, l'Ecole a voulu faire juger la cause par l'autorité ecclésiastique.

Elle s'est d'abord adressée, en toute simplicité et confiance à son Evêque, puis aux Evêques réunis en Concile. N'ayant pu obtenir que sa cause fut entendue et jugée par l'autorité ecclésiastique au Canada, l'Ecole poussée à bout à force d'être maltraitée, s'est décidée à faire les dépenses énormes d'un envoyé à Rome, chargé de plaider sa cause devant l'Auguste Tribunal de la Sacrée Congrégation de la Propagande.

Cet envoyé rendu à Rome rencontre l'Evêque de Montréal et, dans une pensée de conciliation, il propose à Sa Grandeur d'arranger, de régler la question à l'amiable. Monseigneur de Montréal, ne pouvant répondre des bonnes dispositions de Laval, dut à la fin confesser qu'il n'était point autorisé de la part de cette Université à régler la difficulté. Force fut donc au représentant de l'Ecole de mettre sa cause devant le Tribunal de la Propagande.

Il n'a pas été peu surpris, dès son arrivée dans la Ville Eternelle, de surprendre sur les lèvres de plusieurs ecclésiastiques distingués les informations les plus fausses sur l'Ecole et sur la succursale de Laval à Montréal. On lui dit que l'Ecole était en révolte ouverte avec le St-Siège ; qu'elle avait un passé *regrettable* et que la succursale de Laval fonctionnait très-bien.

Nous ne comprenons pas la facilité avec laquelle on ose ainsi tromper les hommes les plus respectables et les plus recommandables, et comment surtout on les amène à parler sous l'impression d'informations aussi fausses.

Comme ces informations erronnées peuvent arriver jusqu'au public, nous croyons nécessaire de les refuter ici.

Reprocher à l'Ecole d'être insoumise et révoltée alors que, pour éviter un scandale funeste, elle a retardé jusqu'ici à user des légitimes moyens que la loi civile fournissait pour renverser Laval à Montréal, mais s'est adressée à l'autorité ecclésiastique de son pays, puis à la Sacrée Congégation, n'est-ce pas être mal informée ?

Reprocher à l'Ecole *d'avoir un passé regrettable*, n'est-ce pas prouver qu'on ignore le premier mot de l'existence, de la conduite constante, de l'histoire véritable de cette Ecole. Le passé de l'Ecole, nous l'avons fidèlement retracé dès les premières pages de ce travail. Est-il besoin d'un témoignage pour corroborer ce que nous en avons dit, nous invoquerons celui de Monseigneur l'Evêque actuel de Montréal. Un Evêque ne saurait mentir à ses convictions ; il ne saurait, dans un mandement au clergé et aux fidèles de son diocèse, pousser la complaisance jusqu'à louer un passé qu'il saurait être entaché de torts et de fautes graves.

Il y aurait là un danger un péril extrême, celui d'approuver ces torts, d'innocenter ces fautes. Eh bien, voici ce que, dans Son Mandement du 22 Décembre 1877, annonçant l'établissement de Laval à Montréal, Monseigneur l'Evêque de cette ville disait à la louange de l'Ecole : *L'Ecole de Médecine de Montréal, qui a bien mérité du Diocèse et de la Province toute entière à cause du dévouement de ses Professeurs, continuera l'œuvre par laquelle elle a contribué jusqu'ici à former tant de Médecins qui ont fait honneur à leur profession.*

Dire que la succursale de Laval à Montréal fonctionne très-bien, ainsi que plusieurs l'ont affirmé à Rome, c'est prouver qu'on ne sait rien sur le sujet.

Pour le Droit, la nouvelle faculté n'a qu'à-peu-près le tiers des étudiants catholiques en Droit et en Loi à Montréal.

Les deux autres tiers fréquentent les Universités protestantes: ce que la succursale, selon le décret, avait pour fin d'empêcher Or, toute institution qui ne remplit pas sa fin, ou ne la remplit

qu'imparfaitement, fonctionne mal ou ne fonctionne qu'imparfaitement.

La nouvelle faculté de Médecine est en relations quotidiennes
avec deux institutions protestantes dont elle dépend entièrement, pour les branches suivantes de l'enseignement Médical :
1o. les cliniques Médicales, 2o. les cliniques Chirurgicales, 3o.
les visites journalières à l'hôpital.

Or la succursale, toujours d'après le décret, avait pour fin
d'empêcher ces relations des institutions Catholiques avec des
établissements protestants.

Donc, cette nouvelle faculté, ne remplissant pas sa fin, ne
fonctionne pas, mais faisant le contraire de sa fin, elle fonctionne mal, très mal même.

De plus, ces deux facultés nouvelles de Droit et de Médecine,
ayant été créées sans l'autorisation du décret et au détriment
des deux Ecoles de Montréal que le décret donnait pour fin à la
succursale de secourir, auraient-elles réussi à retirer tous les
élèves Catholiques des Universités protestantes, ne pourraient
encore fonctionner très-bien. D'abord, parce qu'elles n'ont aucune existence légale, étant instituées contre la Charte Royale,
ensuite parce que le fait même de leur création est contraire au
décret de la Propagande émané au service, non de facultés nouvelles, mais des Ecoles existant à Montréal depuis longtemps.

Pour la faculté de Théologie, c'est une *affiliation* que Laval a
accordée au Grand Séminaire de Saint Sulpice, et même quelque chose de plus large qu'une *affiliation*, puisque les Messieurs
de ce Séminaire n'ont rien eu à céder, ni à concéder ; que Laval
n'intervient en rien, ni dans la direction, ni dans la conduite,
ni dans l'enseignement de ce Séminaire, et que non seulement
aucun droit, aucun impôt n'est payé pour les diplômes, mais
que ce sont les Messieurs du Séminaire qui signent et donnent
eux-mêmes ces diplômes sans qu'aucune griffe de Laval n'y pa-
raisse.

Or comme une *affiliation* n'est pas une *succursale*, il n'est pas
juste de dire, même en parlant de la faculté de Théologie, que
la succursale de Laval à Montréal fonctionne très-bien.

La vérité, nous venons de l'établir, c'est qu'elle ne fonctionne
pas du tout ! La vérité, c'est encore que tout ce que Laval a fait
à Montréal est indigne, injuste et profondément dommageable

à l'Ecole de Médecine et à l'Ecole de Droit des Jésuites, et souverainement préjudiciable au Tribunal lui-même que l'on a trompé indignement. Mais c'est assez. D'ailleurs nous n'en finirions pas si nous voulions relever ici toutes les contradictions, toutes les injustices, tous les mensonges, toutes les duplicités qui sont les matériaux que le Recteur de Laval a cru devoir employer à la construction de son Université à Montréal.

TROISIÈME PARTIE.

CONCLUSIONS.

Laissant de côté le fait de la fin de la création de l'Université Laval qui est *Diocésaine* et non *Provinciale;* celui de ses sacrifices qui n'ont pu être faits en vue d'empêcher la fondation d'autres universités dans la Province de Québec ; celui des sacrifices que Montréal a faits au service de l'enseignement de la Théologie, de la Loi, du Droit, de la Médecine, etc., etc. ; celui des tromperies dont la Propagande a été la victime et sous la fausse impression desquelles cette Sacrée Congrégation a rendu son Décret de 1876, nous ne voulons nous attacher ici qu'à ce seul fait que le Décret en question n'a pas été respecté, qu'il a été, au contraire, misérablement violé et méprisé dans l'organisation qu'on a faite à Montréal de la succursale de l'Université Laval.

Car en supposant, ce qui est faux, que cette université aurait été fondée pour servir à toutes la Province Ecclésiastique de Québec ; en supposant, ce qui est démenti par les chiffres, que les sacrifices de Laval lui donneraient le droit de rançonner Montréal ; en supposant, ce qui est contraire à l'évidence, que la Sacrée Congrégation de la Propagande n'aurait rendu son décret de 1876 que sur des renseignements exacts et corrects, il resterait toujours ce fait énorme, accablant, péremptoire que ce décret n'a pas été exécuté, qu'il a été méprisé autant qu'un décret peut l'être, et qu'en conséquence, ce qui a été fait à Montréal, au nom de ce décret ainsi méprisé, ainsi détourné de sa fin et de son but, est illégitime et nul de plein droit.

Voilà le seul fait sur lequel l'Ecole a voulu s'appuyer définitivement à Rome, par ce qu'il suffit amplement, largement, sans le secours des autres, à établir de quel côté, dans le présent débat, se trouvent le droit et la justice.

Nous n'avons, dans ce travail, rappelé tous les autres faits, éliminé des conclusions prises à Rome, qu'afin de démontrer, dans tout son ensemble et jusque dans ses détails, les plus complets, la cause que nous soumettons au lecteur.

Prenant donc le décret de la Propagande pour ce qu'il est, sans le discuter, nous disons que l'Université Laval s'est établie à Montréal contre la lettre et l'esprit de ce décret. Nous avons déjà donné les preuves de cette proposition capitale et si décisive.

Nous allons les rappeler ici succinctement.

Le décret est rendu pour la fin suivante, que nous citons textuellement.

" Que l'on reconnait la nécessité de pourvoir en quelque manière " à l'instruction supérieure de ces jeunes gens de Montréal qui ne " peuvent fréquenter l'Université Laval.

Voici donc la fin du Décret : *venir au secours des Ecoles de Droit et de Médecine existant à Montréal.* Le Décret ne permet à Laval de s'établir à Montréal que pour *empécher* les Ecoles de cette ville d'être affiliées à des Universités protestantes.

Or Laval s'est établie à Montréal sans plus tenir compte de l'Ecole de Droit établie chez les Jésuites que si cette Ecole n'eut jamais existé. Pourtant il était si facile de la remettre en activité !

Le Recteur n'a pas même semblé y songer. Il a organisé une nouvelle Ecole de Droit. Il aurait voulu, dès le principe, créer aussi une nouvelle Ecole de Médecine. Il y travailla même tout d'abord, puisqu'il nomma ses professeurs selon qu'il le déclare dans une lettre que nous avons citée plus haut. Le Délégué Apostolique le força d'observer le Décret et de s'entendre avec l'Ecole. Il le força en outre de renvoyer la faculté qu'il avait précédemment nommée. Il eut l'air d'obéir. Il signa même un contrat qui réglait, à des conditions exorbitantes et contraires à la lettre et à l'esprit du Décret, l'entente de l'Ecole avec l'Université Laval.

Mais il sut conduire toutes choses de façon à amener un conflit entre Laval et l'Ecole, de manière à finir par rejeter l'Ecole de l'organisation de Laval à Montréal. Puis débarassé de l'Ecole, il institua la nouvelle faculté de Médecine telle qu'il l'avait d'abord organisée.

Ainsi, l'Université Laval est entrée à Montréal et s'y est établie *furtivement* et illégitimement.

En effet, le Décret ne dit pas que l'Université Laval, ayant bien mérité, est autorisée à s'introduire, à s'implanter à Montréal pour la seule fin d'être à Montréal, dût elle pour cela créer de nouvelles Ecoles de Droit et de Médecine. Mais il dit formellement, ce Décret, que l'Université Laval s'établira à Montréal *pour les Ecoles de Droit et de Médecine existant dans cette ville, afin d'empêcher ces Ecoles d'être plus longtemps affiliées à des Universités protestantes.*

Oui, Laval est entrée à Montréal en *intrus illégalement et illégitimement,* non seulement contre le Droit Civil puisque sa Charte ne le lui permettait pas ; mais contre le *Droit Ecclésiastique,* puisque le Décret de la Propagande ne l'autorisait de s'établir à Montréal que pour venir au secours des Ecoles déjà établies dans cette ville.

Le décret dit encore : " *Que du reste, comme il est évidemment* " *impossible, de la part de Laval, d'accorder l'affiliation aux dites* " *Ecoles, laquelle équivaudrait à l'érection d'une Université pour* " *ainsi dire distincte et indépendante à Montréal, afin de pourvoir* " *cependant à la nécessité énoncée plus haut, il ne se présente pas* " *d'autre expédient que celui d'établir à Montréal une succursale* " *de l'Université Laval, projet à l'exécution duquel les Evêques, en* " *union avec Laval, devront procéder sur les bases suivantes :*"

Donc, dans ce paragraphe de son décret, la Propagande déclare qu'*il est évidemment impossible, de la part de Laval, d'accorder l'affiliation aux dites Ecoles* etc. etc. Deux choses sont clairement exprimées ici : la première que Laval ne peut accorder d'affiliation à Montréal ; la seconde que la Propagande a toujours en vue, en permettant à Laval d'établir des succursales à Montréal, les Ecoles de Droit et de Médecine existant dans cette ville, puisque son décret dit : *aux dites Ecoles :*

Or, relativement à la première de ces choses, le Recteur, comme on l'a vu a solennellement déclaré que ce qu'il a établi à Montréal, en vertu du Décret, est une *affiliation.* Comme bénéfice de cette déclaration, il a obtenu que la nouvelle faculté de Médecine qu'il a fondée à Montréal fut représentée par deux de ses professeurs, en qualité de Gouverneurs dans le Bureau Provincial de Médecine. Ce privilège lui aurait été refusé, si cette faculté n'eut été qu'une *succursale*. Ainsi le veut la loi.

Si ce sont des *affiliations*, ces facultés nouvelles de Médecine et de Droit, ce ne sont pas des *succursales*. Et si ce ne sont pas des *succursales*, elles sont créés contre la lettre du Décret qui autorise Laval à créer des *succursales* et non à accorder des *affiliations lesquelles*, ajoute-t-il, *équivaudaient à l'érection d'une université distincte et indépendante.*

Mais ce ne sont ni des *succursales*, ni des *affiliations*. Ce ne sont pas des *succursales*, puisque Laval n'a pas le pouvoir de former des *succursales*. Ce ne sont pas des *affiliations*, parce que ce sont des facultés nouvelles. Elles n'existaient pas avant que Laval les eut organisées, et n'existant pas avant ce moment, elles n'ont pu être affiliées : car on n'affilie pas ce qui *n'existe pas*.

Relativement à la seconde de ces choses, c'est-à-dire au soin que le Décret prend de répéter, par cette expression *aux dites Ecoles*, que c'est pour venir en aide aux Ecoles de Droit et de Médecine existant à Montréal, interprétation donnée par Mgr Conroy lui-même, nous venons de voir que ces Ecoles ont été mises de côté et, qu'en conséquence, sous ce point encore le Décret a été méprisé.

Le Décret dit enfin, que *les Evêques en union avec Laval devront procéder à l'exécution de ce Décret.*

Or, non seulement Nos Seigneurs les Evêques n'ont pas veillé à l'exécution du Décret, lequel n'a pas été du tout exécuté, mais ils ont même ouvertement refusé d'intervenir quand l'Ecole s'est adressée à leur tribunal, pour le règlement des premières difficultés survenues dans l'exécution de ce Décret, affirmant que cette question n'était point de leur compétence. Donc, sous ce rapport encore, le Décret n'a pas été observé.

Le Décret a été méprisé, méconnu quand le Recteur a exigé tant et de si injustes sacrifices de la part de l'Ecole, et qu'il lui a posé tant et de si monstrueuses conditions dont il a été question plus haut.

Tous ceux qui connaissent les faits en sont maintenant convaincus, Laval a joué à Montréal la plus grande, la plus inique, la plus effrontée des comédies.

Au nom d'un Décret que cette Université n'a pu obtenir qu'en trompant audacieusement la Sainte Congrégation, l'Université Laval, par son Recteur, est venue à Montréal chercher à fonder ce que ce Décret n'autorise point, et chercher à détruire ce que ce Décret dit formellement qu'il veut secourir.

Au nom de ce Décret, qui déclare par exemple vouloir empêcher, à l'aide de l'établissement de Laval à Montréal, l'Ecole de Médecine d'être affiliée à une Université protestante, le Recteur a d'abord voulu et a définitivement délaissé cette école, et il lui a substitué une nouvelle faculté qui a été, durant plus d'une année, l'humble commensale d'une Université et d'un hôpital protestants ! Au nom de ce Décret qui déclare que Laval ne peut accorder des *affiliations*, le Recteur a d'abord affilié le Séminaire de St. Sulpice avec les conditions les plus larges ; de plus il affirme, ce qui est une impossibilité radicale, qu'il a affilié les deux nouvelles facultés de Droit et de médecine qui n'ont pas d'existence légale.

Au nom de ce Décret, le Recteur a tenté de spolier l'Ecole de Médecine, lui enlevant par force, (c'est-à-dire en invoquant faussement l'autorité la plus sacrée, celle du St Siège), ses propriétés, ses biens, les revenus de ses cours. Pour mieux tromper la pauvre Ecole, le Recteur lui affirmait que les autres facultés faisaient les mêmes sacrifices. Or la faculté de Théologie n'avait rien sacrifié, et la faculté de Droit, ayant été nouvellement créée, ne possédait rien, par conséquent n'avait rien à sacrifier.

Au nom de ce Décret, on a, tout Montréal, tout le Canada l'a su, voulu chasser l'école de l'Hotel-Dieu qu'elle soigne gratuitement depuis plus de trente-cinq années, et avec lequel elle est liée par la foi des conventions légales les plus honorables.

Au nom de ce Décret, on a enlevé à l'école des droits sacrés, on l'a chassée de dispensaires importants et on a fait partager à la nouvelle faculté les droits acquis de l'école à l'Hospice de la Maternité.

Au nom de ce Décret, et en ayant toujours soin de l'invoquer afin de rejeter tout l'odieux sur le St Siège, on a commis toutes les indignités, toutes les malhonnêtetés, toutes les injustices, toutes les monstruosités dont les lecteurs viennent de s'instruire dans ces pages.

Eh bien, nous le demandons maintenant, l'Université Laval

a-t-elle assez fait pour tromper et compromettre la Congrégation de la Propagande ? A-t-elle assez fait pour mériter que cette Congrégation lui permette de continuer à opprimer l'Ecole de Médecine et la ville de Montréal ? A-t-elle assez fait pour justifier les expressions sévères, mais justes, par lesquelles nous avons défini le fait de son établissement à Montréal, en disant qu'elle s'y est implantée contre la loi civile, contre le Décret et en dépit de l'honneur et de la justice.

Nous avons dit au commencement de ce mémoire que la Sainte Congrégation de la Propagande avait toujours répondu par un *non expedire* aux demandes de Montréal d'avoir une Université indépendante. Nous nous trompions.

Il nous a été donné de prendre connaissance d'un document par lequel nous voyons qu'en 1874 la Propagande avait reconnu que les raisons si souvent invoquées par Monseigneur Bourget, alors évêque de Montréal, en faveur d'une Université indépendante dans sa ville épiscopale, ne sont point *légères* et que la Congrégation était décidée à la lui accorder. Ce document constate que la Propagande reconnait que tous les moyens employés jusque là pour éviter cette création d'une Université indépendante à Montréal, ont été inutiles. Voici ce document important :

Quæ hactenus ad hanc S. Congregationem relata sunt de necessitate Universitátem Cathol: erigendi in civitate Marianop: satis clarè ostendunt non levis momenti esse rationes, quæ pro ejusdem Universit: erectione militant. Siquidem dùm unâ ex parte liquet gravissima esse incommoda, quæ ob defectum hujus institutiónis in præfata Marianop. dioecesi occurrunt, ex aliâ, remedia quæ huc usque proposita fuerunt, ad eadem incommoda avertenda insufficentia omnino visa sunt. Verùm Sacra Cong. iteratis precibus R. P. D. Marianop: Ep. annuere distulit, eo quod de Univ. Lavallensis conservatione ac prosperitate valdè sollicita, rem ità componi desiderat, ut huic præclaræ institutioni nullum vel saltèm non valdè grave detrimentum ex novæ Univers: erectione obvenire possit.

Cùm igitur omni cura ac studio S. Cong: ad hoc animum nuperrimè converteret, perspexit facilè praedediri posse, quominùs novae Univ: erectio Lav: Univ: noceat, si utraque ita constituatur, ut easdem habeat regulas, eademque prorsùs ratione ac methodo utatur, ac ità nihil omninò discriminis inter utramque sit tùm quoad facultates tradendas, tùm quoad studiorum durationem, tùm quoad examina, praemia, gradus academicas et caetara quae ad Univ: ritè constitutas pertinent. Tunc enim nulla erit ratio cur juvenes ad unam potiùs quam ad aliam ex duabus Univ: alliciantur, proindeque nullo modo timendum erit Univ: Lav: ne juvenes Quebecencis et vicin: dioeces: Univ: Marianop: adire malint.

Quo vero singula quae modo dicta ritè constituantur, et constituta religiosè serventur, Consilium constituendum erit, quod supremam utriusque Univ: directionem obtineat ac gerat, illudque efformandum ex omnibus ecclesiast: Prov: Episcopis, Praeside R. P. D. Archiep:, quorum praeprimis sit regulas conficere, methodumque ac rationem studiorum utrique Univ: communes formare, atque deindè advigilare, ut haec utrobique studiosè ac diligentur ad effectum deducantur. Ad ipsum Consilium pertinere insuper posset Rectores et Professores utriusque Univ: eligere et etiam dimittere, rationes dati vel accepti expendere et approbare, ac caetera omnia peragere; quae in regulis conficiendis eidem Episcop: Cons: reservanda videantur. Quamvis autem expediat ut bona temporalia duarum Univ: separata omninò maneant, atque sejunctim administrentur, Episcopi tamen curam omnem impendere deberent quo ambae Univ: etiam in temporalibus prosperè procedant.

Ceterùm cùm optimè noscat S. Cong: quantam pecuniae summam impenderit Semin: Quebecense pro constabilienda Univ: Laval: atque nunc etiam impendat, ut annuis necessariis impensis satisfaciat, cumque vix fieri possit, ne eadem Universitas ex novae Universitatis erectione detrimentum aliquod patiatur, optandum valdè est, ut Episcopi aliquam rationem excogitent quâ praefatum Sem: Quebec: tanto onere levari possit.

Superset post haec, ut Amplitudo tua, collatis priùs Consiliis, cum ceteris Eccles: Prov: Episcopis, sententiam suam super praedictis omnibus mihi quam primum aperiat quo totum negotium Em: Patr: hujus: S. Cong: judicio subjiciatur.

Intereà Deum precor ut te diu incolumen servet.

Romae ex aedibus S. C. de Propag: Fide, die 28 Julii 1874.

Ampl: Tuae Uti Frater addictissimus

Alex. Card: Franchi, Praef.   Joannes Simeoni Secr

Traduction.

Les rapports présentés jusqu'à ce jour à cette Sacrée Congrégation touchant la nécessité d'ériger une Université Catholique
dans la ville de Montréal, montrent assez clairement que les
raisons, qui militent en faveur de l'érection de cette même Université, ne manquent pas d'avoir un grand poids. En effet, tandis
que d'un côté il est clair que l'absence de cette institution dans
la ville de Montréal entraîne pour le diocèse de très-graves inconvénients, d'un autre côté, les remèdes proposés jusqu'à ce
jour pour parer à ces inconvénients semblent être tout-à-fait in-
suffisants. Mais la Sacrée Congrégation à différé de se rendre
aux instances de l'Illustrissime Evêque de Montréal, parce que,
préoccupée comme elle l'est de la conservation et de la prospérité de l'Université Laval, la Congrégation désire que l'affaire
s'arrange de telle manière, que l'érection de la nouvelle Université ne cause à cette illustre Institution sinon aucun détriment, du moins aucun détriment considérable.

La Sacrée Congrégation ayant tout dernièrement considéré
cette question avec tout le soin et le zèle possible, a *clairement*
compris qu'il était facile d'empêcher que l'érection de la nouvelle
Université ne nuisît à l'Université Laval, si les deux Universités
étaient constituées de manière à ce qu'elles eussent les mêmes
règlements, employassent les mêmes moyens et la même méthode, et qu'ainsi, il n'y eût entre elles aucune différence pour
ce qui concerne tant l'enseignement des diverses facultés, que
la durée des études ou les examens, récompenses, degrés académiques et autres points, qui regardent les universités régulièrement constituées. Alors, il n'y aura pas de raison pour que les
jeunes gens soient attirés vers l'une de préférence à l'autre ; et
de cette manière, l'Université Laval n'aura nullement à craindre
que la jeunesse de Québec ou des Diocèses voisins préfèrent
fréquenter l'Université de Montréal.

Or, pour que chacun des points énumérés ci-dessus soient
bien réglés, et qu'une fois réglés ils soient religieusement ob-
serves, on devra établir un Conseil auquel on conférera et qui
exercera la direction suprême des deux Universités ; et ce Conseil devra se composer de tous les Evêques de la Province ecclésiastique, sous la présidence de l'Illustrissime Archevêque : dont

les attributions seront d'abord de dresser des règlements, de tracer la méthode et le plan d'études pour les deux Universités ; puis de veiller à ce que des deux côtés on s'applique sérieusement et activement à les suivre.

Ce Conseil pourrait de plus avoir le droit de nommer et de renvoyer les Recteurs et Professeurs des deux Universités, d'examiner et d'approuver les recettes et dépenses et de faire tout ce qui paraît devoir être réservé à ce Conseil Episcopal pour établir des règlements. Et, bien qu'il convienne que les intérêts temporels des deux Universités restent entièrement distincts, et soient administrés séparément, les Evêques devront cependant donner tous leurs soins, à ce que, sous le rapport temporel, les deux Institutions soient également prospères.

Du reste, comme la Sacrée Congrégation sait très bien, quelles grandes dépenses le Séminaire de Québec à encourues pour la fondation et encore présentement pour subvenir annuellement aux dépenses nécessaires de l'Université Laval, et comme on peut à peine supposer que cette même Université n'éprouve point quelque perte, par suite de l'érection de la nouvelle Université, il est grandement à désirer que les Evêques songent au moyen d'alléger, pour le dit Séminaire de Québec, une aussi lourde charge.

Ce qu'il y a à faire après tout ceci, c'est que Votre Grandeur, après avoir pris conseil des autres Evêques de la Province ecclésiastique, me fasse connaître son avis sur tous ces points le plus tôt possible, afin que toute l'affaire soit soumise au jugement des Eminentissimes Pères de cette Congrégation.

En attendant, je prie Dieu de vous accorder une vie longue et prospère.

Collége de la Propagande à Rome, le 28 Juillet 1874.

> De Votre Grandeur,
>
> Le frère très-dévoué,
>
> Alex. Card. Franchi, Préfet.
> Jean Siméoni, Secrétaire.

Ainsi donc en 1874, la Sacrée Congrégation de la Propagande avait permis et même ordonné l'établissement d'une Université Catholique à Montréal ! Comment Laval a-t-elle pu réussir à empêcher l'exécution de ce Décret ? Il est vrai que les restrictions y contenues, dans le but de protéger Laval contre la compétition nécessairement victorieuse de cette nouvelle Université tant désirée à Montréal, eussent créé à cette dernière bien des embarras. Car les besoins, les ressources, les mœurs mêmes de Montréal et de Québec diffèrent essentiellement sous plus d'un point. Il est nécessaire de tenir compte de cette différence dans l'organisation des institutions de ces deux villes, si l'on ne veut pas que cette organisation soit vicieuse sous plus d'un côté.

D'ailleurs Montréal et Québec sont à 60 lieues l'une de l'autre, il est impossible que les deux institutions se nuisent. Les étudiants de Québec et des diocèses voisins ont tout intérêt à fréquenter l'Université de Québec. Ils ne peuvent ni les uns ni les autres s'éloigner de la ville qui est leur centre sans encourir d'assez fortes dépenses. C'est tout au plus si une dizaine d'étudiants en Droit ou en Médecine pourraient se le permettre. Et puis, l'on sait combien les sacrifices de Montréal au service du haut enseignement l'emportent sur ceux de Québec. L'on comprendra donc combien les conditions posées dans le document précipité à l'érection d'une nouvelle Université à Montréal étaient onéreuses pour cette dernière. Cependant, même à ce prix, les Catholiques de Montréal eussent été heureux d'avoir leur Université.

Enfin, la loi civile réglant elle-même les cours et leur durée, les Universités doivent s'y conformer. Elles ne peuvent pas exiger moins que cette loi ne prescrit ; elles peuvent faire plus. C'est ce qui à toujours été fait à Montréal, aussi bien, si pas mieux qu'à Québec ainsi que nous l'avons prouvé au moins à l'endroit de l'Ecole de Médecine. Deux Universités Catholiques dans la Province du Bas-Canada ne se gêneraient en aucune façon. Ce qui le prouve amplement, c'est que Montréal possède deux Universités Protestantes rivales surtout pour la Médecine. Les protestants ne forment guère qu'un sixième de la population de Montréal et moins du dixième de la population de la Province.

Cependant ces deux Universités sont fournies d'un grand nombre d'élèves, et elle se soutiennent très-bien. Or si ces deux Universités protestantes et rivales peuvent se maintenir avec profit et succès dans la même ville d'un pays où les protestants sont bien inférieurs en nombre aux Catholiques, il est de toute évidence que deux Universités Catholiques, placées à 60 lieues l'une de l'autre, ne se gêneront en rien.

Et que faut-il aujourd'hui à Montréal pour avoir une Université ? Rien qu'une Charte de la Législature. Car l'enseignement Universitaire est depuis longtemps organisé de fait chez elle. La Théologie est aux mains de la riche maison de St Sulpice. La Médecine a son Ecole parfaitement organisée ; le Droit n'aurait qu'à continuer d'être, comme autrefois, chez les Jésuites qui, comme le petit séminaire St-Sulpice et même les Oblats, sont aussi préparés à l'enseignement des Arts et des Sciences. Il n'y aurait donc aucun sacrifice pécuniaire nouveau à réaliser. Pour le diocèse de Montréal qui se trouve aujourd'hui dans dans des difficultés d'argent assez sérieuses à cause de la crise financière qui a fatigué le pays pendant ces dernières années, n'y aurait-il pas un profit réel et une justice suprême à garder pour ses institutions propres toutes leurs ressources, sans être obligé à payer à Laval ou à d'autres institutions étrangères l'impôt les diplômes ?

Encore une fois, il ne peut plus être question des sacrifices de l'Université Laval pour empêcher Montréal d'avoir son enseignement Universitaire propre.

Laval n'a fait ses sacrifices qu'avec la condition formelle qu'avant longtemps Montréal aurait son université. Il y a plus de vingt ans que le Recteur de l'Université Laval, reconnaissant ce fait, ajoutait que *d'ailleurs il n'entrait pas dans les vues de Laval d'être le rendez vous d'une jeunesse bien nombreuse.*

Et puis, est-ce qu'il n'a pas été assez fait pour l'Université Laval ? A-t-il dépendu de l'autorité ecclésiastique que Laval ne prospérât ? Si Laval avait voulu accorder aux Ecoles de Droit et de Médecine des affiliations ainsi qu'elle vient récemment de le faire au Grand Séminaire pour la Théologie, ne serait-elle pas aujourd'hui maîtresse de tout le Bas-Canada ? L'Université Laval peut-elle même accuser Montréal de lui avoir refusé le plus grand bon vouloir ? Peut-elle, en particulier, reprocher à l'Ecole de Médecine de lui avoir marchandé les sacrifices pour se rendre à ce qu'on lui disait être le décret de la Propagande ? Si Laval n'a répondu qu'imparfaitement aux besoins des collèges classiques, des Séminaires, des Ecoles de Droit, de Médecine et des Arts, elle ne peut certes accuser ni la Sacrée Congrégation de la Propagande de lui avoir refusé les moyens de vivre, de se développer et de prospérer, ni Montréal de ne lui avoir pas ouvert généreusement ses portes.

A l'heure qu'il est, plusieurs des collèges classiques n'ont encore pu s'affilier et ne le peuvent pas malgré toute leur bonne volonté. Et le recteur ayant, l'an dernier, annoncé solennellement que la liste des affiliations était fermée, Laval entend donc exclure à jamais les deux Grands Colléges de Montréal qui ne le sont pas encore, et exclure pour toujours la jeunesse de nos Colléges des bienfaits d'une affiliation universitaire, si nous n'avons pas d'Université à Montréal.

A l'heure qu'il est, bien que Laval ait une faculté de Droit à Montréal, cette faculté est si impopulaire, que la moitié, au moins, des élèves catholiques en Droit ou en Loi ne fréquente aucune université ou va aux Universités protestantes. C'est assez dire combien peu Laval a su profiter de la protection de la Propagande et du bon vouloir avec lequel Montréal a répondu aux désirs de cette Congrégation.

Illégalité de la Succursale.

Nous avons, dans les pages qui précèdent, reproduit les arguments que l'Ecole de Médecine et de Chirurgie de Montréal faisait valoir auprès de la Propagande, dans le cours de l'an dernier, par l'entremise de son Délégué, M. le Dr d'Orsonnens.

Voici maintenant un court rapport qu'il faisait, à son retour, de l'accomplissement de sa mission en Europe :

Chargé par l'Ecole de Médecine et de Chirurgie de Montréal d'aller en Europe prendre la défense de ses légitimes droits lésés par l'institution de la succursale ou des facultés de l'Université Laval à Montréal, j'ai dû tout d'abord, en Sepembre 1879, me présenter au ministère des Colonies à Londres et m'informer des pouvoirs conférés à cette Université par la Charte Royale qui l'institue. Je connus alors, d'une manière certaine, que la Charte ne conférait à Laval d'autre privilège d'exension que celui de l'affiliation.

Bien que ces renseignements fussent *confidentiels*, ils ne parurent suffisants pour affirmer positivement, dans les diférents documents que j'eus l'honneur de soumettre sur cette qiestion à la Sacrée Congrégation de la Propagande, que la Charte Royale n'autorisait point ce que Laval tentait de créer et de consolider à Montréal. Mais mon affirmation rencontrant des négations persistantes, et dont, je le sentais, je ne pouvais avoir raison qu'en leur opposant le témoignage d'une autorité compétente, je retournai à Londres en Juillet dernier, à la suggestion de l'un des Révérendissimes Cardinaux de la Propagande.

Les événements politiques y avaient appelé à l'administration gouvernementale des hommes nouveaux, mais chez lesquels je trouvai le même amour de la justice et le même respect jaloux du droit que chez leurs honorables prédécesseurs.

Le 3 Juillet, j'adressai au ministère des Colonies une lettre dans laquelle, après avoir exposé la question, je suppliais le noble Lord de la décider lui-même, ou de la faire décider *officiellement* par qui de droit.

La question étant du domaine purement légal fut définitivement soumise à l'examen de Sir Farrer Herschell, Solliciteur-Général et l'un des deux avocats de la Couronne d'Angleterre.

Après avoir scrupuleusement étudié la Charte Royale de Laval, les constitutions et les règlements de cette Université, son Annuaire pour 1879-80, le Décret de la Propagande du 1er Février 1876, la Bulle " Inter Varias sollicitudines," la nouvelle Loi de Médecine où il est fait mention de *l'Université Laval à Montréal*, l'Etude Légale de Monsieur l'avocat J. L. Archambault, etc., etc., l'honorable Solliciteur-Général donna, par écrit, l'opinion légale suivante :

Re University Laval at Quebec.

" I am of opinion that the Laval University at Québec is not
" entitled under its Charter to establish itself elsewhere than in
" Quebec, or to establish faculties of Theology, Law, Medecine
" and Arts, to exist at the same time at Quebec and Montreal. I
" think the Charter, by which it is incorporated, establishes it as
" a local University *at Quebec* and that it acts in excess of the
" powers and privileges conferred upon it by the Charter, when
" it establishes itself elsewhere. There are various considera-
" tions which point to this conclusion, amongst others, I may
" mention that the title is strictly local, that the visitor is the
" Archbishop of Quebec Seminary and that the Council consists

" principally of the Directors of that Institution. If it were in
" the power of the Laval University to do what is contented
" for, great inconvenience might arise : for all the senior pro-
" fessors who form part of the Council might at any particular
" time be professors of the branch at Montreal, whilst the other
" *ex officio* members of the Council were all at Quebec. Further,
" it is to be observed that express power is given to affiliate to
" and connect with the University Colleges, &c., anywhere
" within the province, and this I think, is all that the Charter
" authorizes to be done outside Quebec. It is to be noted that
" the word *connect* on which I understand reliance is placed as
" justifling the action of the University Laval, is joined to the
" word *affiliate* by the conjunction *and.* The words are not affi-
" liate *or* connect. It seems to me clear therefore that the
" Charter does' not warrant a connection apart from an affilia-
" tion.

" It follows from what I have said that professors of the suc-
" cursale at Montreal are not entitled to be styled professors of
" the University Laval.

" I think that professors of the succursale are not entitled as
" such to take part in the Council of the University Laval.

" For the reasons given I think faculties established by the
" University Laval at Montreal or elsewhere than at Quebec
" cannot form part of the University Laval.

" As I have already stated, the University cannot, in my opi-
" nion, establish itself in different places or have branches there.
" And I see nothing, in the articles of the Code referred to, to
" modify my opinion.

" I am disposed to think that the University Laval, when
" exceeding the powers conferred upon it by its Charter, would
" fall within the scope of article 997 of the Code of Civil pro-
" cedure of Lower Canada.

" The University Laval having derived its existence from
" Royal Charter, I think that the Pope can neither derogate
" from the rights conferred by the Charter, nor confer, so as
" to give them legal effect, any powers beyond those created by
" it. I ought to add that the Pope does not seem to have intend-
" ed either to derogate from or extend the rights possessed

" under the Charter, but merely to have given directions *under*
" *a misapprehension as to what those rights really were...............*
" I may add to the above that I concur generally with the
" views expressed by Mr Archambault in his *Etude Légale* on
" various questions with which he deals.

(Signed)   Farrer Herschell.

" Temple, July 20th 1880. "

(Traduction.)

" Je suis d'opinion que l'Université Laval à Québec n'est pas
" autorisée par la Charte à s'établir ailleurs qu'à Québec, ni à
" établir des facultés de Théologie, de Loi, de Médecine et des
" Arts qui existent en même temps à Québec et à Montréal ; que
" sa Charte, en vertu de laquelle elle est incorporée, en fait une
" Université locale, *à Québec*, et que cette Université outre-passe
" les pouvoirs et les privilèges qui lui sont accordés par cette
" même Charte lorsqu'elle s'établit ailleurs. Différentes consi-
" dérations appellent cette conclusion, entre autres, je puis
" mentionner son titre même qui est strictement local, le visi-
" teur qui est l'Archevêque de Québec, le Recteur qui est le
" Supérieur du Séminaire de Québec, le Conseil Universitaire,
" formé principalement des directeurs de cette institution.
" S'il était au pouvoir de l'Université Laval de faire ce qu'on
" lui conteste, il pourrait en résulter de grands inconvénients ;
" par exemple, tous les anciens professeurs qui forment partie
" du Conseil pourraient, à un temps donné, se trouver être ceux
" de la succursale de Montréal, tandis que tous les autres mem-
" bres *ex officio* du Conseil seraient à Québec. De plus, il faut
" observer que la Charte donne expressément le pouvoir d'affi-
" lier et d'unir à l'Université les Collèges, etc., de toutes les
" parties de la Province, et c'est cette affiliation seulement que
" la Charte permet en dehors de Québec. On doit encore remar-
" quer que le mot *unir* (connect), sur lequel l'Université Laval
" semble s'appuyer, est joint au mot *affilier* par la conjonction *et*
" (and). Les mots ne sont pas affilier *ou* unir. " En conséquence,
" il me parait clair que la Charte n'autorise pas d'autre union
" que celle de l'affiliation.
" Il suit de tout ce que je viens de dire que les Professeurs

" de la succursale à Montréal n'ont pas droit au titre de Profes-
" seurs de l'Université Laval.

" Je suis d'opinion que les Professeurs de la succursale,
" comme tels, n'ont pas droit de faire partie du Conseil de l'Uni-
" versité Laval.—Pour les raisons que j'ai données, je suis d'opi-
" nion que les facultés établies à Montréal ou ailleurs qu'à
" Québec par l'Université Laval ne font pas partie de cette Uni-
" versité.

" Comme je l'ai déjà dit, cette Université ne peut s'établir en
" différents lieux, ni y avoir des succursales. Je ne vois rien
" dans les articles du Code auxquels on réfère qui puisse modi-
" fier mon opinion.

" Je suis porté à croire que l'Université Laval, en outre-pas-
" sant les pouvoirs qui lui sont conférés par sa Charte, tombe
" sous le coup de l'article 997 du Code de procédure civile pour
" le Bas-Canada. L'Université Laval devant son existence à la
" Charte Royale, je suis d'opinion que le Pape ne peut ni déro-
" ger aux pouvoirs donnés par cette Charte, ni en conférer
" d'autres, avec quelque effet legal, qui ne soient pas mention-
" nés par cette même Charte.

" Je dois ajouter qu'il me paraît que le Pape n'a pas eu l'in-
" tention de déroger aux pouvoirs accordés par la Charte ni de
" les étendre, mais qu'il a seulement donné des directions *sous
" une fausse interprétation de ce qu'étaient véritablement ces pou-
" voirs* ....

" Je puis ajouter que je partage en général les vues exprimées
" par M. Archambault dans son *Etude Légale* sur les différentes
" questions qu'il y a traitées...

" (Signé)   Farrer Herschell.

" Temple, 20 Juillet 1880."

La remarquable étude de M. J. L. Archambault, avocat, à
laquelle Sir Francis Herschell fait allusion, avait été faite en
réponse aux questions suivantes soumises au public par la voix
de la presse par le Rev. Mr. Gravel, archiprêtre, l'un des vicaires
forains du Diocèse de Montréal.

CONSULTATION.

Par une Charte Royale en date du 8 Décembre 1852, Sa
Majesté la Reine Victoria a établi à Québec, dans la Province

du Canada (aujourd'hui Province de Québec) une Université connue sous le nom de l' "Université Laval." C'est le Séminaire de Québec lui-même, qui a été érigé en Université. Cette érection n'a cependant pas eu l'effet de détruire la Corporation existant primitivement, c'est-à-dire le "Séminaire de Québec." Ce sont deux corporations parfaitement distinctes qui existent actuellement.

En vertu de cette Charte :

1o. L'Archevêque Catholique Romain de Québec et ses successeurs sont de droit les Visiteurs de l'Université.

2o. Le Supérieur du Séminaire de Québec en est le Recteur.

3o. Un Conseil Universitaire est établi sous le nom de "Conseil de l'Université Laval" (Laval University Council) et ce conseil doit être composé du Recteur de l'Université, des Directeurs du Séminaire de Québec et des trois plus anciens professeurs des diverses facultés de théologie, de droit, de médecine et des arts.

4o. Le Conseil Universitaire est autorisé à faire des Statuts et Règlements pour le Gouvernement de l'Université et concernant toutes les matières et choses non contraires aux dispositions spéciales de la Charte, les Statuts et Règlements contraires étant déclarés, *ipso facto*, nuls et de nul effet quelconque.

5o. L'Université a le droit de s'affilier des Collèges, Séminaires, ou autres institutions publiques d'éducation, existant dans la Province.

Par un Indult en date du 6 mars, 1853, N. S. P. le Pape Pie IX a permis à l'Université-Laval de jouir des priviléges et d'exercer les droits qui lui ont été conférés par la Charte Royale et le 15 mai, 1876, l'Université-Laval a été érigée canoniquement par Lettres Apostoliques. Par ces Lettres Apostoliques, le Saint-Père subordonne les concessions qu'il fait à l'Université aux dispositions de la Charte Royale, *à laquelle il ne veut déroger en rien.* Voici ses propres paroles : " Mais comme la Souveraine de la " Grande-Bretagne, la Reine Victoria, a, depuis longtemps doté " et enrichi l'Université d'une Charte renfermant les plus " amples priviléges, et à laquelle *Nous ne voulons* déroger en " rien (*cui in nullâ re derogatum volumus*), et comme Sa Majesté " a laissé à la même Institution l'entière liberté de se gouverner " elle-même, etc., etc.

Le 9 mars 1876, la Sacrée Congrégation de la Propagande, par son Préfet le Cardinal Franchi, dans le but de répondre aux demandes de Monseigneur l'Evêque de Montréal, et de parer aux inconvénients signalés, avait réglé qu'il serait établi à Montréal une succursale de l'Université Laval.

Mais il est évident, d'après le dispositif de son document, que la Propagande n'entendait point déroger à la Charte Royale. D'ailleurs, si elle avait eu cette intention, les Lettres Apostoliques de date postérieure, 15 mai suivant, annuleraient toutes dispositions contraires à cette Charte.

QUESTIONS.

1o. L'Université Laval peut-elle, en vertu de sa Charte, s'établir en dehors de Québec, soit comme succursale soit comme partie intégrante de la dite Université ? En d'autres termes, l'Université Laval peut-elle légalement exister et agir hors de Québec ?

2o. L'Université Laval peut-elle, en dehors de Québec, faire autre chose que, affilier des Colléges Séminaires ou autres institutions d'éducation *incorporées* ou se les unir ?

3o. Les Professeurs de la Succursale de Montréal peuvent-ils prendre le titre de Professeurs de l'Université Laval ?

4o. Ces Professeurs peuvent-ils, comme tels, faire partie en aucun temps, du Conseil Universitaire de l'Université Laval ?

5o. Les diverses Facultés, non incorporées établies à Montréal ou ailleurs, sous quelque nom que ce soit, peuvent-elles faire partie de l'Université Laval et jouir des priviléges, qui, en vertu de leur affiliation, sont attachés aux institutions incorporées, aussi affiliées ?

6o. De droit commun, les Universités peuvent-elles s'établir en même temps, en différents endroits, ou y avoir des succursales ? Ont-elles ces priviléges en vertu des articles 358 et 362 du Code Civil ? L'article 364 du même Code limite limite-t-il ces priviléges ?

7o. A-t-on quelques exemples que des Universités établies dans un lieu quelconque, se soient transportées dans d'autres lieux lorsque leur chartre ne leur conférait pas ce droit ?

8o. Une corporation comme l'Université Laval excédant les pouvoirs qui lui sont conférés par sa chartre, tombe-t-elle sous le coup de l'article 997 du Code de Procédure Civile du Bas-Canada ?

Voilà, ce me semble, autant de questions qu'il ne serait pas hors de propos d'éclaircir avant de passer outre ; et j'ai la confiance, M. le Rédacteur, que vous voudrez bien ouvrir les colonnes de votre journal à ceux qui voudront bien les résoudre.

21 Juillet 1879.

I. GRAVEL, Ptre.

———

A ces diverses questions, M. Archambault, appuyant son opinion des arguments les plus solides et de nombreuses autorités, donna les réponses suivantes :

1o. La doctrine qu'une corporation ne peut avoir d'existence légale en dehors de la jurisdiction pour laquelle elle a été créée, ne peut souffrir de doute. Or, la Charte Royale ayant créé l'Université Laval à Québec, l'ayant formée et organisée au sein même du Séminaire de Québec, n'a pu la localiser dans un endroit différent que le Séminaire et a de fait voulu que son siége à cet endroit fut fixe et permanent ; toute organisation constituée ailleurs qu'à Québec comme branche séparée de la dite Université ou comme émanant de sa source soit sous le même nom, ou sous un autre titre, ne serait donc ni une dépendance de la maison principale ni un être moral vivant par lui-même, et il suit de là, comme conséquence nécesssaire, rigoureuse, que l'Université Laval ne peut s'établir et exister légalement en dehors de Québec.

2o. D'après tout ce que nous venons de dire, il ressort clairement que les écoles ci-dessus établies à Montréal ne peuvent être assimilées aux institutions dont parle la charte Royale, lesquelles portent en elles-mêmes le principe organique de leur existence légale et ont la faculté d'accepter une affiliation avec Laval ; dans leur condition actuelle, ces écoles occupent aux yeux de la loi une position fausse à laquelle elles ne peuvent remédier qu'au moyen de la procédure préalable d'incorporation.

En attendant l'exécution de ces formalités impératives, l'Université Laval ne peut prétendre exercer aucun contrôle sur ces écoles, ni les unir à elle d'une manière valable et régulière.

3o. Par conséquent, nous avons raison de croire que le projet à l'exécution duquel on exhorte les évêques de la Province de Québec à travailler en union avec Laval, d'après certaines bases voulues, n'a pu et ne peut être encore exécuté suivant les termes de la constitution octroyée à l'Université ? Car enfin, où est l'acte d'incorporation de cette succursale ? Peut-on supposer que cette érection puisse avoir d'effet légal sans la sanction d'une autorité compétente ? Evidemment non ?

Dira-t-on davantage que les écoles actuelles qui prétendent représenter ou remplacer cette succursale ont une existence légale ? Elles ne peuvent certainement pas en réclamer plus que l'institution d'où elles émanent ? Et cela est et doit être, aussi longtemps que l'Université Laval n'aura pas reçu de plus amples pouvoirs par sa charte. Partant, les professeurs qui y enseignent, relevant d'une autorité qui n'est pas reconnue, ne peuvent prendre ni le titre de professeurs de la succursale, ni se réclamer de l'Université Laval de Québec. C'est la conclusion rigoureuse et logique du principe que nous avons, du reste, parfaitement établi plus haut.

4o. De là il suit que les professeurs des diverses écoles ou facultés établies à Montréal avec l'assentiment et sous le protectorat de l'Université, ne peuvent devenir des officiers de ce Conseil et sont incompétents à prendre part à ses délibérations ; on peut dire de même que le recteur de l'Université Laval ne peut être le visiteur de la succursale à Montréal et *vice versa.*

5o. Dans l'espèce, ce serait, à notre sens, une injustice envers les institutions publiques mentionnées dans la Chartre, que l'Université Laval pût se permettre de conférer, par un abus de pouvoirs, aux institutions ou écoles non incorporées, les avantages exclusivement réservés aux premières.

Tant que ces établissements n'auront pas une existence civile personnelle et que leurs membres n'auront pas accepté le fardeau des devoirs et des responsabilités inhérents aux corps régulièrement organisés, la Chartre de l'Université Laval ne leur confère aucuns privilèges quelconques ; cette Chartre reste lettre morte pour eux ; leurs professeurs seront peut-être des amis de la jeunesse, des amants dévoués de la science ; les élèves, des écoliers dociles et attentifs aux leçons de leurs maîtres ; voilà tout ; l'école, la faculté n'ayant pas de nom, d'organisation propre, ne pourra donner aucuns pouvoirs à ses titulaires, ni conférer les grades aux étudiants.

6o. Après l'examen que nous avons fait précédemment de la question et des principes qui régissent la matière, il n'est pas douteux que les Universités qui, plus encore que les autres corporations, sont soumises à des règles spéciales et sévères, ne peuvent s'établir en plusieurs endroits différents à la fois et fonder des succursales, à moins que tels soient l'intention et le désir évidents de la loi ou de la chartre qui les incorpore et leur donne une existence légale.

En thèse générale, ces Universités sont soumises, dans l'exercice de tels droits et privilèges, à l'application des dispositions contenues aux articles plus haut cités.

7o. C'est un fait constant que les Gouvernements ont toujours cherché à maintenir, d'une main ferme et vigoureuse, les concessions octroyées à ces grands corps d'enseignement public, comme à mettre une barrière à l'exercice d'une autorité illégale de leur part. Chaque tentative de dépasser les bornes de leur juridiction légale, chaque usurpation ou violation d'une franchise, a été réprimée aussitôt qu'elle se faisait jour et il est arrivé quelquefois que des universités ou institutions d'éducation ont payé de la perte de leur charte ou de la suspension de leurs priviléges leurs empiètements audacieux.

8o. D'après les données légales ci-dessus, il y a certainement lieu à l'application de l'article 997 du Code de Procédure Civile contre toute Université exerçant en dehors des limites de sa juridiction, et l'Université Laval peut être recherchée devant nos tribunaux si elle enfreint les privilèges de sa charte. L'usurpation d'une franchise, la violation d'une charte, ont toujours été considérées comme une attaque directe contre le Souverain, une atteinte portée à sa dignité et dans tous les cas ces usurpations ont été sévèrement punies par les autorités."

Parmi les autorités citées se trouve un cas si parfaitement identique au cas actuel, que nous croyons devoir en faire une mention spéciale :

Angell et Ames, *on Corporations*, No. 107, dit : " Une corpora-" tion... privée doit être tenue de résider dans la ville où se " trouve sa principale place d'affaire, comme un habitant."

Le même ouvrage, au No. 106, mentionne un cas qui, par son

application, consacre directement le principe. Nous citons textuellement : *Un collége, fondé et établi par les gouverneurs d'une* " *université dans un endroit particulier, n'a pas le droit d'établir* " *une école comme branche de tel collége, dans une place différente* " *de celle où le collége est localisé, et il a été en conséquence décidé* " *que l'établissement, par le collége de Génève, localisé dans le* " *comté d'Ontario dans l'État de New-York, d'une école de médecine* " *dans la Ville de New-York et la nomination de professeurs pour* " *en prendre la direction, était une usurpation de franchise.*"

La conclusion à tirer de ces documens s'impose d'elle-même à la raison impartiale et à la conscience honnête : L'ÉTABLISSEMENT DE LAVAL A MONTRÉAL EST ILLÉGAL ET NUL DE PLEIN DROIT, SOUS LE RAPPORT RELIGIEUX COMME AU POINT DE VUE DU DROIT CIVIL :

Sous le rapport civil, puisque cet établissement est contraire à la Charte Royale à laquelle l'Université Laval doit le bienfait de l'existence et sans laquelle elle ne peut avoir de vie *légale.*

Sous le rapport religieux : l'établissement de Laval à Montréal est réglé et statué par le Décret du 1er Février 1876 et sanctionné par la Bulle *Inter varias sollicitudines.*

Le Décret se résume dans ces trois motifs bien formels et sur lesquels il est impossible de se méprendre.

1o. Il est nécessaire de pourvoir en quelque manière à l'instruction supérieure de la jeunesse catholique de Montréal.

2o. Il est évidemment impossible que Laval accorde l'*affiliation* aux Ecoles de Montréal, laquelle équivaudrait à l'érection d'une Université, pour ainsi dire distincte et indépendante dans cette ville.

3o. Il ne se présente pas d'autre expédient que celui d'établir à Montréal une *succursale* de l'Université Laval.

Le Décret mentionne la Charte Royale avec l'intention évidente de la respecter. Mais la Bulle qui est postérieure au Décret et qui la sanctionne est plus positive encore. Elle déclare formellement que le St Siége ne veut en rien déroger à cette Charte : *cui in nullâ re derogatum volumus.*

Le St Père pouvait ne pas subordonner l'exécution du Décret et de la Bulle au respect de la Charte. Il y aurait eu alors conflit entre l'autorité Civile et l'autorité Religieuse. Ce qui est toujours déplorable, mais ce qui est ou peut être quelquefois jugé nécessaire.

Ce n'est point ici le cas. Il n'y a point ici conflit entre les deux pouvoirs. Le St Siége, il est vrai, décrète bien tout un ordre de choses contraire à la Charte, mais il ne le fait que parce qu'il ne connaît pas suffisamment cette Charte à laquelle il affirme solennellement ne vouloir en rien déroger.

Et dès lors, ne pouvant même songer, sans une grave et injurieuse irrévérence, à suspecter la loyale franchise et la parfaite droiture du Souverain Pontife, affirmant qu'il veut respecter en tout la Charte Royale, il faut bien admettre que l'établissement de la succursale ou des facultés de Laval à Montréal est illégal et nul de plein droit, sous le rapport religieux comme sous le rapport civil, c'est-à-dire que cet établissement, contraire à la Charte Royale, est aussi contraire au Décret et à la Bulle qui veulent bien expressément que l'on ne déroge en rien à la Charte.

Des trois motifs du Décret, que reste-il, lorsqu'on a forcément écarté celui de la *succursale?* Il reste les deux premiers. Or, le second de ces deux motifs étant négatif, il n'y faut point songer.

En effet, le Decret annonçant qu'il est évidemment impossible pour Laval d'accorder l'*affiliation*, on ne peut penser à cette affiliation qu'en supposant un nouveau Décret qui serait la *contre partie* du premier, d'un Décret qui règlerait que vû l'impossibilité pour Laval d'établir une *succursale* à Montréal, c'est une *affiliation* qu'elle accordera aux Ecoles de cette ville.

Mais ce nouveau Décret n'existant pas, il ne reste plus que le premier motif de celui de 1876, savoir : *Il est nécessaire de pourvoir en quelque manière à l'instruction de la jeunesse catholique de Montréal.* C'est l'éternelle question qui s'agite depuis vingt ans et à laquelle il n'est plus permis aux amis de la Religion et de la Patrie de demeurer étrangers. C'est la question maintenant ouverte et à laquelle les âmes honnêtes et sincèrement soumises au St Siége ne peuvent voir qu'une solution possible : la création d'une Université propre et indépendante à Montréal. Car d'après le Décret et la Bulle, ne pouvant songer ni à la *succursale* que la Charte n'autorise point, ni à l'*affiliation* dont ni le St Siége ni Laval ne veulent, qui équivaut, pour ainsi dire, à l'érection d'une Université propre et indépendante, il faut bien croire l'heure de la justice enfin levée pour Montréal et espérer que cette justice nous viendra directement, c'est-à-dire, sans passer par le régime coûteux sinon humiliant des *quasi équivalents.*

Il est de notre devoir de reconnaître ici publique-ment que la cause de l'Ecole de Médecine et de Chirurgie de Montréal a rencontré, auprès du St Siége, avec de bien vives sympathies, les plus fermes dispositions à la justice.

Le St Siége peut être trompé sur des questions de faits qui ne sont point dogmatiques. Mais il ne saurait jamais se refuser à reprendre l'examen des causes dans lesquelles les renseigne-ments exacts lui ont fait défaut.

J'ajouterai qu'en quittant l'Europe j'ai adressé au Cardinal Siméoni, Préfet de la Propagande, une lettre dans laquelle je lui communique *l'opinion légale* de Sir Farrer Herschell, afin que ce document si important soit en son temps soumis aux Eminentissimes Cardinaux de la Congrégation.

———

Depuis, l'Université Laval, appréciant la valeur des argu-ments et des autorités ci-dessus, qui démontre de la manière la plus évidente possible qu'elle n'avait pas le droit d'établir de succursale à Montréal, s'est adressée à la Souveraine de la Grande Bretagne, pour obtenir de Sa Majesté une extension des pouvoirs à elle conférés par sa Charte Royale, de manière à lé-galiser l'établissement de sa succursale à Montréal.

Voici la réponse qu'elle en a reçue telle que constatée par une lettre officielle du Secrétaire d'Etat pour les Colonies et qui se lit comme suit :

DOWNING STREET,

20th. Jan'y 1881.

Gentlemen,

I am directed by the Earl of Kimberley to acknowledge the receipt of your letter of the 30th of December last, submitting a copy of a statement, which you have lodged at the Privy Council Office relative to the powers possessed by the Laval University, Quebec, under its Royal Charter.

I am to inform you that Lord Kimberley has already received, through the Governor General of Canada, a petition addressed to the Queen by the Roman Catholic Archbishop and Bishops of the Province of Quebec with regard to the powers of the University, and also a Draft of a proposed new Charter of that institution, His Lordship had further received a letter from the officers of the School of Medecine and Surgery at Montreal, stating that they have, by their notary, summoned the Laval University to cease giving University instruction at Montreal ; and to abolish the branch house and the professorships which it has therein established and have warned the University that, in default of its not conforming itself to the summons within thirty days from the 4th of October last, they would appeal to the competent tribunals to obtain justice.

The Secretary of State has informed the Governor General of Canada that, having regard to the provisions of the British North America Act 1867, he is not satisfied that he could properly advise the Queen to issue the desired Charter to the Laval University, and that moreover, it does not appear to him necessary to decide the question at present, as he does not think it right to invite Her Majesty to interpose while the question as to the the powers of Laval University are about to be decided in a Court of Law.

I am Gentlemen

Your obedient servant,

JOHN BRAMSTON.

Messrs. Bircham & Co.

———

Ainsi, qu'on veuille bien le remarquer, le Gouvernement Britannique ne voudrait pas, quel que fût le mérite de la question, intervenir, quand cette question des pouvoirs de Laval est soumise à une Cour de justice ! ! !

Conformément à ce refus, et vû le fait que jusqu'à présent l'Ecole de Médecine n'a pas encore obtenu du St Siége une décision sur son appel concernant la conduite arbitraire tenue par M. le Recteur de l'Université Laval, vis-à-vis de ses membres, et conformément aussi à l'interprétation de la Charte de l'Université, telle que donnée par les officiers en loi de la Couronne (voir ci-dessus—opinion de Sir Farrer Herschell), l'Ecole de Médecine en est arrivée à la détermination de solliciter du Procureur-Général de la Province de Québec, une autorisation de poursuivre au nom de Sa Majesté, l'Université Laval pour avoir excédé ses pouvoirs en établissant une succursale à Montréal. Mais avant de le faire, elle a cru devoir informer de nouveau Sa Sainteté, de la nécessité où elle se trouvait de recourir aux tribunaux civils, pour en obtenir une interprétation de la Charte Royale, droit qui se trouvait réservé par le St Siége.

En conséquence, sur autorisation obtenue le 12 Avril courant, une poursuite a été intentée le 14, au nom de Sa Majesté, par l'Hon. Procureur-Général.

L'Ecole de Médecine et de Chirurgie de Montréal.

Montréal, Avril 1881.

APPENDICE.

Le lecteur nous saura gré, sans doute, de reproduire ici quelques extraits qui ont une application immédiate à la question actuelle. Nous attirons surtout l'attention du lecteur sur ceux intitulés : " *Un point de Doctrine* " et " *Dangers d'une Monopole Universitaire* ".

Ce qui suit est tiré de *l'Abeille Médicale*, Nos. 3 et 4, Mars et Avril.

" Dans notre dernier éditorial, nous rappelions l'opinion légale de Sir Farrer Herschell, solliciteur-général d'Angleterre, qui disait que Laval ne pouvait pas avoir de *succursale ;* nous ajoutions encore que cette Université avait elle-même reconnu *publiquement* sa fausse position et l'illégalité de son établissement à Montréal, par le seul fait d'avoir demandé à la reine Victoria une extension de sa charte, nous devrions dire plutôt en osant même soumettre le projet d'une charte nouvelle à la sanction de Sa Majesté, pour s'accaparer le monopole universitaire et parvenir ainsi à toutes ses fins !

Laval n'a donc pas *réellement* d'existence civile en cette cité, et tous ses actes *ici* sont donc en conséquence parfaitement nuls. Elle n'a pas de professeurs, point de cours, en un mot sa prétendue succursale ne peut pas être reconnue aux yeux de la loi qui doit la répudier et entacher tous ses faits de nullité ! ! !

Voyons maintenant si son existence canonique au moins est

régulier ? L'Université de Québec dans son établissement à Montréal a-t-elle respecté le Décret, la Bulle du St Siége ?

Nullement !

Car par le Décret, tout en croyant ne pas devoir accorder d'affiliation à Laval aux écoles de Droit et de Médecine existant *alors* à Montréal, le St Siége a néanmoins ordonné une succursale de cette université dans cette dernière ville pour venir au secours de ces écoles et les empêcher de continuer à être affiliées à des universités protestantes. Ce qui le prouve c'est cet a. ticle, dans les bases posées par Rome pour cet arrangement : " Les " Professeurs de Droit et de Médecine à Montréal devront faire " partie de la faculté respective établie à Laval en vertu de la " Charte Royale." Mais ce qui ôte jusqu'à l'ombre d'un doute sur l'interprétation et le sens rigoureux de cette clause pour saisir l'ordre formel du St Siége est le fait suivant :

Dans les pourparlers préliminaires pour en venir à un arrangement avec le Recteur de Laval, l'Ecole de Médecine, ne se rendant pas de suite à toutes ses exigences, M. Hamel prit sur lui de former une faculté en dehors de l'Ecole de Médecine ; mais lorsqu'il fit son rapport à Monseigneur Conroy, Délégué Apostolique, Son Excellence lui ordonna d'aller révoquer ses nominations, *les ordres du St Siége devant être exécutés au bénéfice de l'Ecole de Médecine et de Chirurgie de Montréal.*

Ce que M. le Recteur fut obligé de faire de suite !

Les négociations continuèrent donc ; il y eut entente approuvée par Son Excellence le Délégué Apostolique et Mgr l'Evêque de Montréal.

L'Ecole fut regardée comme cette succursale et l'inauguration en fut fêtée au grand Séminaire avec beaucoup de pompe et de solennité par Mgr Conroy lui-même et les autres autorités Ecclésiastiques et Universitaires.

Mais bientôt les arrangements convenus avec l'Ecole n'étant pas respectés, celle-ci s'en plaignit d'abord à son ordinaire puis au corps des Evêques de la Province Ecclésiastique de Québec réunis en Concile à Québec. Tout fut en vain, et l'Ecole se vit dès lors en but aux persécutions les plus violentes et les plus injustes : tentatives de lui enlever son hôpital, son allocation du gouvernement, etc., etc., libelles réitérés sur les journaux publics, rien ne fut épargné pour tâcher de la détruire.

Enfin, le Recteur signifia à chacun de ses professeurs qu'il avait à opter entre rester professeur à Laval ou rester professeur à l'Ecole de Médecine et de Chirurgie de Montréal, l'un de ces emplois devant nécessairement exclure absolument l'autre.

L'Ecole qui avait ignoré à-peu-près jusqu'à ce temps la lettre et l'esprit de la Charte, du Décret et de la Bulle, répondit à M. Hamel que comme l'Université ne se conformait pas à ces documents elle garderait le *statu quo* jusqu'à ce que Rome à qui elle en appelait se prononçât sur cette grave question, assurant néanmoins encore Laval de son bon vouloir et de sa constante détermination de se conformer et d'obéir au jugement du St. Siége, l'Ecole devant continuer à donner les cours comme auparavant jusqu'à ce que toutes les difficultés fussent aplanies et le tout réglé d'une manière stable et définitive. Le Recteur, au lieu de faire comme l'Ecole, d'attendre les instructions de Rome, pour en recevoir les ordres et s'y conformer, s'empressa de révoquer les nominations des Professeurs de l'Ecole et de former sa nouvelle faculté.

Ce court historique des faits donne la preuve accablante du mépris de Laval pour le Décret du St. Siége et de son refus positif à l'exécuter! Maintenant, venons au dernier document, à la Bulle de l'érection canonique de Laval qui est postérieure au Décret. Dans cette Bulle, tout en faisant allusion à l'observation du Décret, le St. Père, après avoir remercié Sa Majesté la Reine Victoria pour sa Charte Royale, recommande expressément de s'y conformer, "cui in nullâ re derogatum volumus."

Il est donc évident que le St. Siége ne voulait enfreindre en rien les dispositions de cette Charte et qu'on l'a indignement trompé pour l'amener à décréter un tout autre ordre de choses que celui dont dispose la charte à laquelle il ordonne néanmoins de ne déroger en rien. Et pour preuve, nous dirons que, durant notre séjour à Rome, nous avons eu toutes les peines du monde pour prouver que la charte était violée ; on nous alléguait toujours que Laval persistait à dire qu'elle lui donnait le privilège d'en agir comme elle l'avait fait.

C'est cette persistance de Laval à soutenir ce point qui nous a forcé d'aller à Londres prendre l'opinion de Sir Farrer Herschell pour convaincre les autorités Romaines.

Aussi doit-il être humiliant pour Laval maintenant d'avoir

demandé cette nouvelle charte et donné elle-même *ainsi et publiquement encore* cette preuve accablante de sa mauvaise foi ! Elle espère peut-être s'en tirer par ses nouvelles démarches auprès du gouvernement local en en obtenant la régularisation de sa succursale. Mais en ce cas même, elle n'en serait que plus désobéissante aux yeux de Rome, puisqu'elle chercherait par là même justement le moyen de faire prévaloir l'autorité civile pour conserver cette faculté nouvelle qu'elle a créée en contradiction avec les desseins de Rome pour nuire à l'Ecole de Médecine au secours cependant de laquelle le St. Siége lui ordonnait de venir, et que par toutes ses démarches elle force de continuer à rester affiliée à une université protestante, ce que Rome voulait empêcher.

Et la Charte Royale ne permettant pas d'autre extension à Laval en dehors de Québec que par l'affiliation, Laval s'étant opposé à Rome à ce qu'elle fût accordée à l'Ecole de Médecine et de Chirurgie de Montréal en lui suggérant ce mode de succursale, Laval a donc, tout en le trompant sur sa position réelle, désobéi au St. Siége qui lui recommandait de ne déroger en rien à cette charte " cui in nullâ re derogatum volumus." De plus, elle n'a pas craint de mettre le St. Siége en contradiction avec lui-même. Si, laissant de côté cette idée de succursale, Laval faisait incorporer, par la législature, ses prétendues facultés de Montréal pour se les affilier, elle ne serait pas plus dans l'ordre ; car Rome (pour plaire à Laval), n'a pas voulu d'affiliation et d'ailleurs ces facultés que Laval s'affilierait ne seraient pas, *celles de Droit et de Médecine existant alors à Montréal*, et que Rome avait en vue !

Donc, il est clairement prouvé que Laval a méconnu et foulé aux pieds la Charte Royale, le Décret et la Bulle du St. Siége, documents qui limitaient ses pouvoirs et lui traçaient la marche qu'elle avait à sa vue !

De plus, au lieu de tendre loyalement la main à l'Ecole de Médecine, *son aînée*, comme le lui recommandait le St-Siège, elle a tout fait, au contraire, pour l'anéantir et la supplanter ! Au lieu du patriotisme et du sentiment religieux qui devaient l'engager à favoriser cette école nationale qui donnait depuis plus de trente ans des preuves de son zèle infatigable et de son dévouement pour l'enseignement des sciences médicales, elle n'a pas hésité à chercher à former *une quatrième école*, dans une ville comme Montréal, pour mettre de côté cette faculté qui lui offrait non-seulement toutes les garanties voulues, mais encore un vaste hôpital, une belle maternité, des Dispensaires et une bâtisse convenable et *qui se suffisait à elle-même depuis si longtemps.*

Pour refuser ces avantages, elle à choisi les élèves de cette école et quelques-uns des plus jeunes même, elle les a lancés comme Professeurs, en comptant pour leur support sur la charité publique seulement. Elle n'avait ni bâtisse, ni hôpital : les portes de l'Hôtel-Dieu lui ayant été refusées. Elle à mené ses prétendus quelques élèves à l'hôpital protestant et aux lectures de Professeurs d'une université protestante, *ce que Rome la chargeait d'empêcher.* C'est pour sortir de cette fausse position qu'elle veut encore imposer à la charité publique le soutien de cet hôpital de la rue Notre-Dame, hôpital de cinquante lits ! Hôpital dont la seule raison d'être vient d'être expliquée et qui n'est nullement nécessaire à la ville, mais *indispensable* à cette prétendue succursale !

Mais pourquoi, l'Université Laval veut-elle donc si obstinément s'implanter ici à Montréal ? Quel vertige la pousse à agir en contravention si palpable avec sa Charte, le Décret et la Bulle de Rome ?

Ce n'est certainement pas teujours pour plaire et se rendre aux désirs des autorités religieuses locales, puisque, depuis plus de vingt ans déjà elle est à Rome, *qu'elle n'a cessé de tromper*, pour paralyser, tour-à-tour, les généreux efforts de nos deux Evêques de Montréal qui, conflants en ses promesses, l'ont aidé à obtenir sa Charte et devaient nécessairement compter *au contraire* sur son appui, après les engagements qu'elle en avait pris *si explicitement* avec eux à cet égard ! Il n'est donc pas étonnant qu'elle se soucie peu, après cela, des vues, des désirs et des besoins des diocèses voisins de celui de Montréal !

Après ces considérations, peut-on être étonné du peu de cas qu'elle fait de notre population et de ses aspirations ?

Non, Laval n'a rien respecté, ni les vœux de notre clergé, ni sa parole donnée, ni celles de nos institutions scientifiques qu'elle a violentées !

Mais l'Ecole de Médecine et de Chirurgie de Montréal a été

surtout l'objet de ses convoitises et le point de mire contre lequel elle a dirigé avec le plus de malveillance tous ses efforts. On l'a même représentée, ici comme à Rome, en lutte ouverte contre le St Siège ; on en a fait une rebelle aux autorités religieuses ! Pourtant l'Ecole en a toujours référé à ces autorités, et c'est elle encore aujourd'hui qui est aux pieds du St-Père et lui demande de juger la position, promettant d'avance de se soumettre à sa décision, comme elle n'a cessé de le déclarer dès le commencement même des difficultés !

Aussi, l'Université de Québec, voyant la lumière se faire et sentant enfin tout ce que sa position a de faux et de compromettant pour elle, intrigue de tous côtés et met à son profit toutes les passions humaines en jeu, à ce point que l'on voit des ministres locaux, *habitant Montréal*, trahir les intérêts de leur ville et prêter la main à l'ennemi pour lui aider à nous priver de cette université indépendante pour l'obtention de laquelle on combat depuis plus de vingt ans ! Amère déception ! quand on compare à ce fait le généreux dévouement de nos pauvres paysans, qui s'imposent des sacrifices pécuniaires pour élever des écoles et des colléges dans leur localité ! Sans ces tristes défections, ces étonnantes adhésions *d'hommes de loi* pour le maintien d'un ordre de choses si illégal, en suivant les impulsions du patriotisme éclairé qui avait inspiré ce premier mouvement pour mettre notre instruction sur un pied conforme à celui des grands centres de l'Europe, nous aurions déjà, depuis longtemps, notre propre Université à Montréal !

Mais Laval, qui a cru l'Ecole de Médecine *seule, sans énergie, sans ressources pécuniaires*, a rencontré chez elle cette ferme et vigoureuse résistance qu'inspirent toujours aux hommes de cœur les procédés injustes dont on veut les faire victimes.

Comme pour être bon chrétien il faut obéir aux ordres de l'Eglise, de même pour être bon citoyen il faut respecter la loi. C'est forte de cette position que l'Ecole de Médecine a fait face à la tempête. Elle n'a rien à se reprocher.

Elle a donné le temps nécessaire à Laval pour mûrir ses réflexions, prendre conseil et des autorités religieuses et des autorités civiles. Cette Université persistant à fouler aux pieds sa Charte et ne voulant pas attendre la décision de Rome, l'Ecole de Médecine se voit forcée de la citer devant les tribunaux. Elle ne fait en cela du reste que se rendre à la pression de ceux qui veulent se débarasser de Laval, agissant obstinément en opposition avec sa Charte et les vues de Rome. Les nombreux amis de la cause demandent à souscrire pour payer les frais à encourir pour aller jusqu'au dernier tribunal. Cette nécessité, l'Ecole a voulu, a cherché à l'éviter. Elle s'est adressée d'abord à son Ordinaire puis à NN. SS. les Evêques assemblés en Concile à Québec. Et quoique le Décret leur ordonnât de travailler en union avec Laval pour faire réussir ce projet dont Rome leur posait les bases, ils ne crurent pas devoir intervenir. L'Ecole a dû nécessairement alors s'adresser au St Siége pour lui représenter les griefs dont elle avait à se plaindre de la part de Laval, lui demander justice, protestant en même temps de sa soumission et de sa détermination à accepter d'avance le jugement que dans sa sagesse rendrait le St Siége.

L'université Laval est donc citée devant les tribunaux ecclésiastiques et les tribunaux civils.—Telle est la position de l'Ecole aujourd'hui, la justice de sa cause en fait la force.

Et pour soutenir cette lutte, l'argent ne lui manquera pas non plus. Ce n'est plus l'Ecole de Médecine seule, mais la population qui veut que justice soit rendue. Elle saura reconnaître ceux qui n'ont que l'égoïsme pour règle et se soucient peu du bien général.

Les médecins élèves de l'Ecole de Médecine, dont le réseau couvre tout le pays, sauront bien faire valoir en masse leur influence en faveur de leur *Alma Mater*.

Pour arrêter ce courant des idées et chercher à la paralyser, en excitant des craintes chimériques, la rumeur rapporte que le Recteur menace de fermer les portes de l'Université à Québec même, si sa succursale ne peut tenir à Montréal ! Personne ne sera dupe de ce langage *et ne craindra un aussi grand malheur !*

Le bruit circulait encore que, pour se rendre aux désirs des Evêques de la province ecclésiastique de Québec, le Parlement Provincial allait être convoqué dans le but spécial, quoi que non apparent, d'accorder une nouvelle Charte à l'Université Laval pour lui permettre, *cette fois*, d'organiser sinon avec justice, du moins *légalement*, toutes les branches qu'elle voudra et lui assurer ainsi le monopole universitaire.

Ainsi cette pauvre succursale de Montréal, si jamais elle

existe, aura coûté au pays tous les frais de cette session, sans compter les subsides à venir et ceux que le Parlement lui a déjà accordés à elle et son hôpital, quoi qu'ils n'eussent aucune existence légale !

La convocation des Chambres pour le 28 avril prochain et le but assigné, semblent corroborer cette dernière rumeur. Mais est-il loisible, est-il décent même pour le Parlement de législater en rapport avec la Charte Impériale. Nous avions toujours cru que l'on pouvait en appeler à un tribunal supérieur, mais jamais après un acte impérial, en venir au gouvernement local ?

Puis Rome étant saisie de la question en litige, par la *partie laïque* elle-même, Laval peut-elle maintenant chercher ainsi, par tous ces subterfuges, à échapper aux conséquences des jugements à intervenir devant la cour de Rome comme devant les tribunaux civils ?

Pour terminer enfin ce long article, nous croyons qu'il serait bien plus raisonnable pour Laval de se rendre à l'évidence des faits, de ne pas chercher à faire compromettre davantage ses protecteurs et rentrer sans bruit dans ses foyers, pour y faire tout le bien possible, plutôt que de forcer l'Ecole à dérouler devant les tribunaux et tout le public les faits qui se rattachent à cette affaire. "

Depuis que ce qui précède est écrit, nous avons acquis la certitude que la rumeur, allant à attribuer à tout l'épiscopât l'intention de soutenir Laval, était mal fondée.

Un point de Doctrine a propos de la Question Universitaire.

Nous osons croire que la *Patrie*, la *Tribune* et autres nouveaux *défenseurs* de l'Eglise, trouveront le secret de calmer leurs scrupules touchant la conduite de nos avocats, en lisant les lignes suivantes que le R.P. Deschamps, auteur bien connu *Des sociétés secrètes*, semble avoir écrites tout exprès pour eux, dès 1852, dans son livre : *Le Paganisme dans l'Education.*

" Mais avant d'entrer en matière, nous sommes obligé de poser quelques principes qui puissent servir de réponse à un certain nombre de catholiques, et souvent des plus zélés, qui s'étonnent et se scandalisent, que des laïques, que de simples prêtres, qu'un évêque même, prennent parti et osent publier leurs opinions et leurs sentiments contre des opinions et des sentiments d'un évêque ou de plusieurs autres évêques, d'un métropolitain même, ou de la majorité d'un corps épiscopal. Comparant l'Eglise à l'armée, ils voient dans une telle conduite le renversement, ni plus ni moins, de la hiérarchie elle-même. Cette question préliminaire est à notre avis de la plus haute importance, et l'ignorance des principes constitutifs de l'Eglise et de ses enseignements en cette matière serait grosse de schismes et d'erreurs de tout genre, si elle n'était pas tout-à-fait dissipée. Voici ces principes :

I. L'Eglise enseignante (c'est-à-dire, le pape et les évêques réunis en Concile ou dispersés) est seule juge suprême des controverses dogmatiques, morales ou tenant à la discipline générale ; ses jugements sont infaillibles, et ne peuvent, en matière de discipline, être réformés que par elle-même. Ce premier principe est de foi.

II. Le pape est le chef suprême de l'Eglise universelle, le Père et le Docteur de tous les chrétiens, c'est à lui qu'il a été donné de paître et de régir tout le troupeau, les agneaux et les brebis, les fidèles et les pasteurs, les prêtres et les évêques ; c'est à lui qu'a été confié le soin de reprendre, de corriger et de confirmer dans la foi ses frères, les évêques eux-mêmes ; à lui l'autorité principale ; à lui principalement, souverainement, le droit de juger ; ses décrets et ses jugements sont, de droit divin, obligatoires pour toutes les églises et pour chaque église en particulier. Quand donc il juge, qu'il enseigne en sa qualité de Chef de l'Eglise universelle, de pasteur souverain, chargé de confirmer les évêques dans la foi, il est et doit être, selon les promesses de Jésus-Christ et la divine Constitution de l'Eglise, à l'abri de toute erreur, et par conséquent définiteur aussi, définiteur suprême et de droit divin de toutes les controverses religieuses : *Roma locuta est, causa finita est.* Ce n'est même que par son organe que l'Eglise, réunie en Concile, prononce définitivement ; dans cette seconde proposition, les principes sont de foi encore, et les conséquences tiennent à la foi et sont tout-à-fait certaines, comme étant déduites immédiatement de ces mêmes principes.

III. Un Concile national, patriarcal même, et à plus forte raison un ou plusieurs évêques, quoique juges des choses religieuses, sont pourtant faillibles, et ne peuvent, par conséquent, rendre en matière de foi et de mœurs, de jugement définitif. Dans toutes ces questions leur jugement, pour être obligatoire, a besoin d'être confirmé par celui du pape en sa qualité de souverain pasteur et de gardien principal et suprême du dépôt. La doctrine contraire a été condamnée par Pie VI, comme schismatique et hérétique, dans sa bulle *Auctorem fidei*, prop. 85.

De là des règles de conduite claires et précises, et qui ne peuvent égarer dans les cas de controverses, agitées en sens opposé par des évêques, par des prêtres ou par des laïques mêmes.

Ou le sentiment, la décision prise par un évêque, ou un concile provincial ou national, est conforme à des décisions déjà rendues, à des jugements déjà portés en cette matière par les papes, et les conciles généraux, ou par la tradition et la pratique constante de l'Eglise ; ou cette décision, ce sentiment leur sont évidemment opposés ; ou enfin, il s'agit d'une simple opinion, ou d'une controverse tout-à-fait libre dans l'Eglise et dans laquelle n'est encore intervenue aucune désision de l'autorité suprême.

Dans le premier cas, la chose est évidente, il n'y a plus, il ne peut plus y avoir de controverse, puisque l'autorité suprême a décidé, et que l'évêque ne fait que rappeler ou intimer sa décision ou la sentence de cette autorité.

Dans le second cas, non-seulement l'évêque suffragant, s'il s'agit d'un métropolitain, ou les évêques du pays, s'il s'agit d'un concile national, non-seulement les prêtres et les laïques mêmes, peuvent discuter et contredire la décision prise ou le jugement porté, *c'est pour eux un des plus sacrés et des plus impérieux devoirs.*

Quand bien même *un ange descendu du ciel*, dit le grand Apôtre, (Gal., c. I, v. 8.) viendrait vous enseigner un autre évangile, c'est-à-dire un point de dogme ou même de morale, ou même de discipline générale, contraire à la décision ou à la pratique de l'Eglise, qu'il soit anathème ! C'est en vertu de ce principe que l'évêque de Rochester et le laïque Morus remplirent un devoir, en s'opposant à la suprématie spirituelle de Henri VIII, reconnue par tout le corps épiscopal d'Angleterre ; que les moines de Suède eurent raison contre l'épiscopat de leur pays, dans les questions de doctrine et de suprématie soulevées par Gustave Wasa ; qu'en remontant les siècles, l'avocat Eusèbe eut

raison de protester, dans le temple même, contre les enseignements de Nestorius, son évêque, et patriarche de Constantinople,
contestant à Marie, du haut de la chaire évangélique, le titre de
Mère de Dieu, que lui donnait la tradition toute entière ; que
Procle, théologal de Constantinople, ayant été chargé de prê-
cher, le jour de l'Annonciation de la Sainte Vierge, dans l'église
principale de cette grande ville, en face de Nestorius sur son
trône, attaqua et réfula avec un zèle et une éloquence, loués
et applaudis par toute l'antiquité, les erreurs de l'hérétique patriarche. Ainsi agit contre Paul de Samosate, métropolitain et
patriarche d'Antioche, un simple prêtre, d'autres disent un
simple fidèle, Malchion, homme très-habile dans l'art de raison-
ner et très-versé dans les controverses religieuses de ce temps,
lorsqu'il démasqua tous les artifices de l'imposteur, et qu'après
l'avoir réduit à l'aveu de ses vrais sentiments, il amena le concile à l'excommunier et à le déposer. Ainsi le moine Ursin usait
d'un droit et accomplissait un devoir en écrivant contre saint
Cyprien et tous les évêques d'Afrique, son pays, et en défendant
avec saint Etienne et toute la tradition, la validité du baptême
conféré par les hérétiques. Ainsi saint Paul lui-même usait d'un
droit et accomplissait un devoir en reprenant publiquement
saint Pierre qui semblait, par ses actes particuliers, abandonner
la vérité dans une question de discipline que lui-même avait
décidée, comme chef du concile de Jérusalem, quoique en cela,
dit Sylvius d'après saint Thomas, il fût à peine coupable d'une
faute vénielle. Il y a plus : l'Apôtre des Gentils, en publiant ce
fait dans son *Epître aux Galates*, et l'Eglise, en plaçant cette
Epître au nombre des canoniques, n'ont-ils pas enseigné plus
haut encore, et la légitimité de ce droit, et l'importance de ce
devoir ? N'ont-ils pas clairement démontré que la vérité n'était
pas une affaire de politesse et d'égards, et que devant elle devaient disparaître toutes les considérations humaines ? Aussi
l'*Ange de l'Ecole*, appuyé sur ce grand exemple, ne craint-il pas
d'enseigner, comme une vérité certaine, que là où la foi est
mise en danger par l'enseignement public d'un évêque, ses inférieurs eux-mêmes ne doivent pas craindre de le reprendre et de
défendre publiquement la vérité. (1)

(1) Sciendum tamen est quod ubi immineret periculum fidei, etiam publice
essent prælati a subditis arguendi. Unde et Paulus, qui erat subditus Petro,

Dans le troisième cas, la décision de l'évêque obligerait, dans son diocèse, les prêtres et les fidèles à un silence respectueux, jusqu'à la décision de Rome (1), mais elle ne lierait et n'obligerait à rien les fidèles des autres diocèses, qui resteraient libres de continuer la controverse jusqu'au jugement de l'autorité suprême." (*Paganisme dans l'Education*, p. 345 et suiv.).

DANGERS D'UN MONOPOLE UNIVERSITAIRE.

Il se rencontre encore, çà et là, certaines gens qui demandent pourquoi tant d'esprits sérieux s'alarment à la pensée du monopole qui menace de s'implanter en Canada. Les deux autorités suivantes, prises entre mille autres aussi graves, suffiront pour faire le jour sur ce point :

" J'ai rencontré, dans l'Université, j'y ai connu, j'y connais encore beaucoup d'hommes honorables et les chrétiens les plus sincères : mais, malgré cela, malgré les grands noms de MM. de Bonald, de Fontanes, de Bausset, Emery, Frayssinous, et de tant d'autres, les mauvais côtés du grand esprit du fondateur (Napoléon, en 1808) sont trop sensibles dans l'institution. Pour tout esprit désintéressé, impartial, c'était un monopole véritablement excessif qu'une corporation unique et universelle, enveloppant dans ses règlements tout ce qui se rapporte à l'Education, en un grand pays." (Dupanloup, de l'Education, liv. 1, ch. V, vol. 2.)

" Mais qui peut nier la décadence progressive et jamais interrompue, depuis cinquante ans et plus, de ce qu'on appelle proprement les humanités, c'est-à-dire de la connaissance des langues et des littératures classiques ?... Les bacheliers innombrables

propter imminens periculum scandali circa iidem, Petrum publice arguit. (2a, 2æ, Quæst. 33, art. 34.)

(1) Benoît XIV, *de synodo diœcesana*, enseigne formellement que les évêques ne peuvent pas s'arroger le droit de juger des controverses qui se sont élevées entre les plus graves théologiens, ni de définir les questions qui tiennent à la doctrine de la foi, quand elles n'ont pas été déjà définies par l'Eglise.

Non debet sibi Episcopus arrogare partes judicis inter gravissimos secum contendentes theologos... nequit quæstionibus ad fidei doctrinam pertinentes definire... (Lib. VII, c. XI, art. 2 ; lib. VI, cap. III, art. 2.)

que notre siècle a faits ne savent pas même le latin. La grande moitié de ceux qui, ayant achevé leurs classes, sont chaque année refusés au baccalauréat, ne savent pas même le français, après dix ans d'études, et ne peuvent parvenir à faire une version sans faute d'orthographe." (Id. liv. V, chap. prélim., vol. 3).

"Les statistiques de l'enseignement officiel ont constaté que sur les sept ou huit mille jeunes gens qui se présentaient, chaque année, à l'examen du baccalauréat, trois ou quatre mille était refusés, non pas seulement à cause des contre-sens qu'ils font dans une version de quatrième ou de troisième, mais parti culièrement à cause des fautes grossières d'orthographe qu'ils commettent.

Je l'ai ouï dire au doyen d'une des premières facultés des lettres de France : "C'est l'orthographe qui décide presque tou- jours le rejet ou l'admission des candidats." (Id. liv. 3, ch. 4, vol. 3.)

"L'Université, fille de Napoléon, eut, à ses premières années, quelque chose de cette verve que l'ardeur des conquêtes et le réveil des nobles instincts donnaient à la France. Mais le grand capitaine oublia, en la créant, les conditions de sa propre gran- deur, qui était due à ses luttes...... Il la dota du monopole, vou- lant la faire souveraine pacifique : il en fit une souveraine languissante.

En même temps que le monopole endormait la fille de Napo- léon dans la sécurité d'un empire sans luttes extérieures, il la travaillait par la convoitise d'un agrandissement sans mesure. Reine de nos études, et reine sans efforts, elle énerva notre en- seignement classique : mais ce fut au profit de l'enseignement professionnel ; car elle se crut la mère de tous les enfants de la patrie, et pour les réunir tous à la fois dans son giron maternel, il lui fallut plus tard tout enseigner, les sciences aussi bien que les lettres ; il lui fallut tout avoir, le monopole des études spé- ciales et professionnelles, aussi bien que celui des études clas- siques, pour lesquelles ses collèges avaient été fondés. Ce fut le règne de Louis-Philippe qui tira cette conséquence, et quarante- huit termina ce règne.

Laissons l'Université confesser elle-même ses fatales et irré- parables aberrations qui ont menacé de perdre la France avec elle." etc., etc. (A. Cahour, s. j. : Des Etudes classiques et des Etudes professionnelles, p. 36.)

Voici d'un autre côté ce qu'écrivait, il n'y a que quelques jours, un homme revêtu d'une haute dignité, d'une grande autorité et d'une grande distinction :

" Mais si l'Université Laval obtient ce qu'elle demande au Parlement, quelles seront les conséquences de ce monopole de l'instruction qu'elle veut faire conserver. Vous n'ignorez pas qu'il y a au Canada, encore si catholique et si dévoué au Siége Apostolique, des germes de revolution, et qu'il y a des hommes influents qui, ici comme ailleurs, travaillent à établir la suprématie de l'Etat sur l'Eglise de Dieu. Le monopole, une fois établi en faveur de l'Université Laval, il sera facile à ces hommes d'inoculer leurs principes dans un corps qui déjà a compté et compte encore des protestants et des francs-maçons parmi ces professeurs.

" Jamais, il me semble, l'Eglise n'a établi le monopole de l'instruction au profit d'aucune Université, quelque privilégiée qu'elle fût d'ailleurs. L'histoire nous montre que, même à l'époque des grandes Universités du Moyen-Age, les villes gardaient leur indépendance, les citoyens conservaient leurs droits, et l'Etat pouvait fonder des Universités partout où les Corporations demandaient cette faveur. Il y eut des Universités privilégiées et par les Papes et par les Rois, mais il n'y eut jamais de monopole. "

TABLE DES MATIÈRES.

PREMIÈRE PARTIE.